場づくりの教科書

はじめに

生活のなかにどのような「場」をつくり出すのか。それは、生き方の問題です。

職場にいけば、そこには場があります。家庭にも場があるし、一人で入ったカフェにも場があります。気のおけない仲間と集まれば、そこにしかない場が出現します。

職場や学校、家庭、地域、社会的な活動など、自分に合った場がある人は幸運です。でも、「合わなくてそこにいるのが辛い」「違和感があって自信が持てない」「退屈で仕方がない」など、ちょうどいい場がない人にとっては大きな問題です。ちょうどいい場がないということは、そのまま、その人の生活の質に影響してしまうからです。

場は自分でつくることができます。

すでにあるものから選択することに慣れきってしまうと、自分でつくるということを思いつかなくなります。でも、基本となる考え方・やり方が理解できれば、自分なりのやり方で「場づくり」をすることができます。特別なことではないのです。

場づくりをするために、会社を辞めて起業する、離婚して別の人と結婚する、日本を脱出して流浪の旅に出る——こういう「劇的でわかりやすい変化」は、当面必要ありません。もちろん、会社を辞めても離婚してもいいのですが、もっとカジュアルに、そして周到に、自分にとって必要な場をつくり出すことができます。

そして、場づくりの最大の魅力は、つくった場を他のだれかと共有できることです。あなたにとって切実に必要な場なら、きっと同じように必要としている人がいるはずです。自分だけのシェルターではなく、他者と共有し、社会のなかで展開すれば、まったく新しい日常をつくり出すことだってできるのです。

一方で、与えられた場、たまたまたどり着いた場で、満足している人がいます。本当に満足できているのなら、それでいいのです。でも、実は満足していないのではなく、うまく合わせて演じているだけかもしれません。

他者に自分を合わせたり、求められるキャラクターを演じてばかりいると、どうしても疲れてきます。合わせることにエネルギーを使ってしまい、本来のポテンシャルを発揮することができません。

一方、正直な自分のままでいられる場があったらどうでしょうか。そこが「自分の場」だと感じられると、安心します。安心すると無駄な力が抜けて、エネルギーが浪費されなくなります。安心感があれば、その人本来の力が発揮されるようになるのです。

自分に合わない場でやりくりしている状態と、自分に合う場で力を発揮している状態には、大きな違いがあります。与えられた場で満足するという態度は、謙虚なようで、実は自分を大切に扱っていない場合もあるのです。

場づくりは、新しく場をつくるだけではありません。いまある場を、よりよいものに変えていくこともできます。あなたがどのような立場でそこにいたとしても、自分の考え方・やり方次第で、目の前の場に変化をもたらすことができるのです。

本書では、「複数の人が集まっていっしょに場をつくる」ということを念頭に、場づくりの考え方とやり方をまとめました。また、いまはたった一人、自分しかいないという人が、ゼロから始めるためのガイドになるようにも配慮しました。

第一章では、場づくりの基本的な概念を紹介します。場づくりについて理解するためには、「場」と「場所」の違いを知ることが重要ですが、そういった概念の定義や、基本的な考え方についてまとめました。

第二章では、まったくのゼロから始めて、継続的な場を維持するまでを三ステップにして整理しながら、場づくりの持つ大きな可能性を示しました。いまたった一人で「場をつくってみたい」と思っている方は、ゼロからでも始められるということがわかります。すでに場づくりに取り組まれている方は、いまの自分の立ち位置や、今後の展開のヒントが得られるでしょう。

第三章と第四章では、基本的な手法（場づくりＯＳ）を示しました。第三章では「場の立ち上げ方」や「組織のつくり方」を、第四章では組織運営の要である「合意形成の方法（会議のやり方）」を、それぞれ示しました。この二つの章で示した手法は、さまざまな場に応用できますし、自分なりの場づくりを進めていくための強力な手段になります。

第五章では、継続的な場を維持していくためにどうすればいいのか、より自分らしい、自分たちらしい魅力あふれる場にしていくためにはどうすればいいのかを、さまざまな観点から示しました。また、「仲間の見つけ方・増やし方」や、「場にエネルギーを充填する方法」など、いま場づくりをされている方に、すぐに役立てていただける内容を盛り込みました。

第六章では、ありきたりの場ではなく、本当に自分たちが求める場をつくるために必要なこと、けっしてやってはいけないことなど、手法だけでは到達できない場づくりの領域を示しました。また、社会のなかでその場が果たす役割や、場があることで導かれるまったく新しい生き方の可能性についても示しました。

僕は、学生時代に関わったささやかな場を続けたくて、就職せず、それをそのまま仕事にしました。あれから四半世紀以上が経ちました。

僕がつくっている場は、いまの日本では、「ＮＰＯ」や「社会貢献活動」と言われるものですが、当時そんなカテゴリは存在しませんでした。このような名前のない活動を始めようとする僕に、大勢の人が「そんなの無理だよ」とか「食べていけるの？」などと言いました。実績もお金も人脈もない若者が、当時の社会的枠組みからはみ出すようなことをやろうというのですから、そう言われても仕方がありません。

　確かに僕は何も持っていませんでしたが、場がありました。その場から得られる実感は、就職ガイダンスで説明されるお決まりの進路よりも、僕にはずっとリアルに感じられました。そして、この場を続けて広げていくことができれば、そこから未来は拓けると、当時の僕は考えていました。そしてそれは、本当にその通りでした。

　場づくりは、世の中に存在しなかったものをつくり出します。常識や既成概念を超えて、新しい現実をつくり出します。僕は、二十六年の経験から得られた考え方とやり方を「場づくりの哲学と技術」として結実させ、セミナーやクラスを通じて多くの人々に伝えてきました。それらは多くの人々に役立てられ、彼らの手によって進化を続け、実際にたくさんの新しい場と新しい生き方が生まれています。新しい場が生まれるということは、新しい生き方が生まれるということでもあるのです。

　場づくりは、資格ビジネスのように、「この手法をマスターすればこれができる」というような小さな話ではありません。カリスマやマスターがいて、「こうしなければならない」と導くものでもありません。答えは必ずその人のなかにあり、いつでも一人ひとりが主人公です。

本書で示すのは、基本となる考え方であり、あなたの内側にある思いを最大限に活かすための方法です。必要な手法は詳細に示しましたが、それらは、あなたがあなたらしく場をつくるための手がかりです。基本がわかれば、あとは自分で進化させられます。あなただからできるあなたらしい場づくりを始めましょう。

目次

第二章　ゼロから新しい場をつくるには　39

第三章　組織を立ち上げるには 85

実行委員会形式から学ぼう 89

第四章　会議のやり方　119

第五章　継続的な場をさらに豊かにするには 165

1 場はたった一人の思いから生まれる

場づくりについて語るためにまずはっきりさせておきたいのは、「場」という言葉の定義です。もっとも「場」とは何なのかということを深めていくことは本書のテーマでもあるので、当面の定義ということになります。

「場所」と「場」の違い

まずは場という言葉の定義から始めましょう。場とは何かということを考えるためには、場所との違いを明確にしておく必要があります。

場所＝地図で示せる点、施設（店、オフィス、会議室、公園）など
場＝主に人と人とのつながり方が生み出す雰囲気、可能性

場所は、地図上に示せる点、具体的には、店舗、オフィス、会議室、公園などです。自分の家も場所ですし、もっと細かく、家のなかの特定の部屋だけを切り取って場所と捉えることもできます。貸し会議室や、短時間だけ滞

在するカフェのテーブル席、旅先の宿の部屋など、自分が所有していない場所もあります。場所の定義は一般的なものなので、簡単です。場所は、目で見て、手で触れることができます。

場は、主に人と人とのつながり方が生み出す雰囲気や可能性のことです。例を挙げてみましょう。

仲のいい友人たちと集まります。気のおけない間柄で、互いに本音を出しやすく、そのメンバーならではの充実感が感じられます。職場など、日常的な機会ではあまり話せないようなことも話せて、話すうちに自分の考えが整理されることもあります。カフェであろうと、居酒屋であろうと、旅先の旅館の一室であろうと、そのメンバーが集まれば、「このメンバーだからこそ」という感覚が再現され、ポジティブなエネルギーを感じて、例えばよく考えずにあきらめていたことに希望を見出したりもできます。「このメンバーだからこそ」という雰囲気、そこから生まれる可能性が、場です。

場は、どこかの場所で展開されますが、必ずしも、どこか一つの場所でなくては、ということはありません。場は地図上の場所に固定されず、移動することが可能です。また、場は感じ取ることはできても、目で見たり手で触れることはできません。場づくりというのは、ほとんどが目に見えない領域を扱います。

場の定義で、主に人と人とのつながり方が生み出す可能性とありますが、それは、場を左右する要素が人だけではないからです。

場づくりのキービジュアル

次は、場づくりとは何かについて、まず簡単に示します。左ページのイラストは、場づくりのキービジュアルです。描かれている人を、自分自身だと思ってみてください。

人型のなかに斜線のハートマークで示したのは、心のなかの「思い」です。心全体ではなく、やってみたいこと、実現したいこと、発揮したい自分など、「こう生きたい！」という思いを表しています。

同じ斜線のサークルで示したのは場です。その場の上に、人が立っていま

場づくりのキービジュアル

す。場とは、特定の建物の場合もありますし、演劇の舞台のように、何もない空間に出現する場合もあります。そして、いずれにしても、その場の上に自分が立てるわけです。

場は人の内面とつながっている

そして、ここが大切なところなのですが、ハートマーク（思い）とサークル（場）は、つながり合っています。キービジュアルで、思いと場が同じ斜線で示されているのはそのためです。場は、場をつくる人の内面とつながっています。

オシャレな空間、カッコイイ空間をつくって、そこに人が集まって、世の中の注目を集めて……確かに、そういう楽しさもあるでしょう。古民家がリノベーション★されたり、都会のビルがラグジュアリーなワーキングスペースになったり、さまざまな新しい場が生まれています。そうした場への憧れから、本書を手に取った人もいるでしょう。

★**リノベーション**
建物に大規模な改装を行い、用途や機能を変えて性能を上げることで新しい価値を生み出すこと。

ただ、場づくりをする人が見るべきものは、そうした上辺の部分ではありません。場づくりというのは、ちょっとオシャレな場所でやればうまくいくというような、簡単なことではないからです。

もちろん、空間を演出するのは楽しいことです。しかし空間演出以前に、その土台となる場がしっかりつくれていないと、空間を活かせません。場づくりというのは、空間の上に場をつくるのではなく、場の上に空間をつくるのです。

場は、良くも悪くも、場をつくる人の内面を反映しています。場をつくる人が複数いれば、複数の人同士のつながり方（人間関係）と一人ひとりの内面が、場に反映されています。

さて、ここで下のイラストをご覧ください。

場を表す斜線のサークルに、他の人たちもいっしょに立っています。場づくりのすばらしいところは、自分の思

場は共有できる

いを大切にしてつくった場を、そこに魅力を感じる他の人たちと共有できるということです。

自分の内面を反映した場をつくり、そこで人と出会い、つながるというのは、どのような体験だと思いますか。人と人が本当に出会えると、それだけで、少しずつ互いの内面が変化します。それに伴って、場も変化します。それでもやっぱり、そこを自分の場だと感じられる。それはつまり、想像を超えた体験があったということです。

自分の思いとはつながらない場

次に、下のイラストをご覧ください。

人型のなかの斜線のハート。この「思い」は、その人の内側だけにあって、外側には対応する場がありません。思いは確かにあるのに、まるで存在していないかのようです。

自分に合った場が見つからない

これは、少しつらいです。「自分に合った場がない」ということは、場に自分を合わせている、あるいは、ずっと違和感を抱えているということでもあります。ある場に対して「合わない」という感覚があるということは、そこではない場に対して「合う」という感覚があるということの裏返しです。その違和感は、あなたの居るべき場はそこではないという内側からのメッセージであり尊重すべきものです。

場の選択肢は、いろいろあります。それでも、自分の求める場、つまり、自分の心のなかにある思いとつながり、それが発揮できる場でなくては、意味がありません。

その時代のトレンドや、既定路線みたいなものに影響されると、自分が求める場とは似て非なる場とつながってしまうことがあります。例を挙げましょう。

Aさんは、「地域のつながり作り」に取り組みたいと思っています。ある地域で暮らしていても、地域コミュニティ★との関わりが持てずに、孤立している人たちが一定数います。さまざまな事情で人と関われない人たちが、同じ地域に住んでいることを知りました。

★ **地域コミュニティ**
地域住民が生活し、交流が行われている共同体。町内会や老人会、婦人会、子ども会、地域づくり団体などさまざまな団体が活動している。

Aさん自身、特に地域とのつながりが濃いわけではありません。ただ、そういう地域とのつながりを持ちたくても持てない人たちにシンパシーを感じて、地域のつながり作りに取り組みたい、そんな場をつくりたいと思いました。

そこで、地域のつながり作りと謳っているさまざまな集まりに、積極的に顔を出すことにしました。例えば、福祉の観点で活動しているところでは、「地域デビュー講座★」や「ボランティア活動の紹介」などが行われていました。地域デビュー講座では、Aさんはとても歓迎されたし、さまざまなボランティア活動を勧められました。しかし、それらはAさんが求めていたものとは違いました。

次は商店会の集まりに出かけてみました。そこも「地域のつながり」がキーワードになっていたからです。「地域活性化セミナー」をのぞいてみたり、商店街で学生が運営する店舗なども見学に行きました。しかし、こちらもいまひとつピンときませんでした。

さらに行政主催のワークショップにも、顔を出してみました。「市民フェスティバル★」の実行委員会にも入りました。いろいろな集まりに顔を出して

★ **地域デビュー講座**
地域社会で新しい交流の場を持つためのポイントなどを紹介する講座。定年退職後のシニア世代向けに開かれることが多い。

★ **市民フェスティバル**
地域の団体や有志によりさまざまな催しが行われるイベント。行政と市民が協働して開催される場合もある。

きたので知り合いが増えて、それ自体は楽しい体験でした。でも、あることに気づきました。いつも同じような顔ぶれが集まっている——。

地域のつながり作りには違いありませんが、出かけた先で出会うのは、町内会や自治会で活動している人、商店会の人、地域の有力者など、すでにいろいろなつながりがある人たちばかりでした。また、集まりの一部はサークル化していて、やや排他的でした。別の集まりでは、自分たちの利益を守ることばかりに関心があり、むしろ新しい人の参入を嫌っていました。

Aさんの問題意識は、漠然とした「地域のつながり作り」ではなく、地域とのつながりを持ちたくても断絶状態にある人たちが、どうしたら「つながり」を作れるのかということでした。そこでAさんは、地域にまったく別の場が必要だと気づいたのです。

これは、たくさんの実際にあったことを再構成した例です。

もしAさんが、既存の「地域のつながり作り」という枠組みで場をつくっても、Aさんの思いとはつながらない場ができてしまいます。似て非なる場では、Aさんの思いは実現されないまま、Aさんの内側にしか存在できないのです。

居場所は「人間関係」で成り立つ

場づくりと似た言葉に、「居場所づくり」というのがあります。場の理解を深めるために、居場所について考えてみましょう。

あなたにとって、居場所とは何ですか。居場所は、どうすれば成立するのでしょうか。

僕は、学生の頃から四半世紀以上、地域の小学校の空き教室を借りて、子どもの居場所・あそび場・仲間づくりの活動をしています。この活動から場づくりに関する多くの知識と経験を得ました。

そこで「子どもの居場所」を例にして、居場所について考えてみたいと思います。

新しい児童館ができたとします。著名な建築家が設計した素敵なデザインの建物です。木造建築で、吹き抜けの高い天井からは自然光が差し込み、室内でも開放感があります。遊具も充実しており、訪れた子どもたちは、それを自由に使うことができます。おやつは、地元で有機栽培された野菜や果物を使用したオーガニッククッキーやジュースが中心です。図書室も併設されていて、子どもたちはそこにある本を自由に読むことができます。

さて、ここで問題です。この児童館は、子どもたちの居場所だと言えるでしょうか。

答えは「NO」です。これだけでは、居場所の要件を満たせません。肝心な要素がすっぽりと抜け落ちています。

それは「人」の存在です。児童館であれば、その児童館を運営している人々（大人たち）がいます。直接子どもたちと関わるスタッフに加えて、裏方の事務局スタッフもいるでしょう。お金の出所にも、スタッフがいますね。

居場所の要件を考えるためには、場に関わるすべての人々について考える必要があるのですが、ここでは、直接子どもたちと関わるスタッフに注目してみましょう。

受付カウンターに、若い女性スタッフが座っています。自動ドアが開くと、子どもたちにアイコンタクトを試みて、笑顔で「こんにちは〜」と声をかけます。子どもたちは、彼女と接して、どう感じるでしょうか。ほっと安心するでしょうか。それとも、なんかちょっと緊張するな……とどこかで身構えるでしょうか。一人ひとり違うと思いますが、心からの笑顔なら、子どもたちが安心する確率は上がるでしょう。芝居がかった「いかにも」な態度なら、子どもたちもそれなりの対応をするでしょう。

受付を済ませた子が、ホールに行きました。そこでは、クラスメイトたちがあそんでいました。ホール担当のスタッフは二名。若い男性のスタッフと、ベテランの女性スタッフです。子どもたちと関わりながら、ホール全体を見守っています。

若い男性スタッフは、背が高く、たくましい体つきです。快活で声が大きく、男の子たちと楽しそうにあそんでいます。ベテランの女性スタッフは、どこかお母さんのようで、必要なら叱ったり、泣いてしまった子と一対一で話したり、細やかな動きをしています。

さて、このスタッフたちをみて、子どもたちはどう感じるでしょうか。安心感を得られるでしょうか。それとも緊張して身構えてしまうでしょうか。これも一人ひとり違いますよね。

もうお気づきだと思いますが、子どもたちがその児童館を居場所だと感じられるかどうかには、子どもと関わるスタッフが大きく影響しています。

快活なスポーツマンタイプの若い男性スタッフを、「頼りがいがある!

大好き！」と感じるのか、「ちょっと怖いな……」と感じるのか。もし後者なら、居場所だとは感じられません。

要因はそれだけではありません。ホールには、クラスメイトたちがいました。児童館を訪れた子が、その時点で学校を楽しんでいて、クラスメイトたちとも仲良くやっている子であれば、きっとクラスメイトたちがいるのを見つけて、うれしい気持ちになったでしょう。でも、その時点で学校を楽しめずクラスで孤立しがちな子であれば、クラスメイトを見つけて息が詰まったかもしれません。後者であれば、そこを居場所だとは感じられません。

とても繊細な話ですよね。子どもが主人公の話だからではありません。居場所というものの成り立ちが、そもそもとても繊細だからです。

このことからわかるのは、居場所というのは建物というよりむしろ人間関係だということです。

どんなに緻密に設計された〝快適な〟場所でも、ぎくしゃくした人間関係が展開されていれば、そこでは安心できません。また、そこで暴力をふるわれる可能性を感じたり、何かを強制させられたり、強く制限されるような圧力を感じれば、当然そこは居場所にはなりません。傍から見れば快適な場所でも、ある人にとっては辛く苦しい、耐えがたい環境かもしれないのです。

逆に、そこが吹きさらしの野原でも、オンボロな古い施設でも、自分を認めてくれる人たちがいて、安心感を得ることができれば、そこは居場所になり得ます。

私が場をつくり場が私をつくる

場づくりの経験がない人、思うような場をつくれた経験がない人が、場づくりを難しいことだと誤解をしてしまう理由があります。

左の図をご覧ください。場づくりというと、普通は「私が場をつくる」ということが注目されます。私から場へとつながる矢印です。企画し、準備して、場をつくる。これはわかりやすいと思います。

でも、ここにもう一つ、場から私へとつながる矢印があります。これは「場が私をつくる（私が場につくられる）」ということを表しています。これがどういうことかわかりますか。

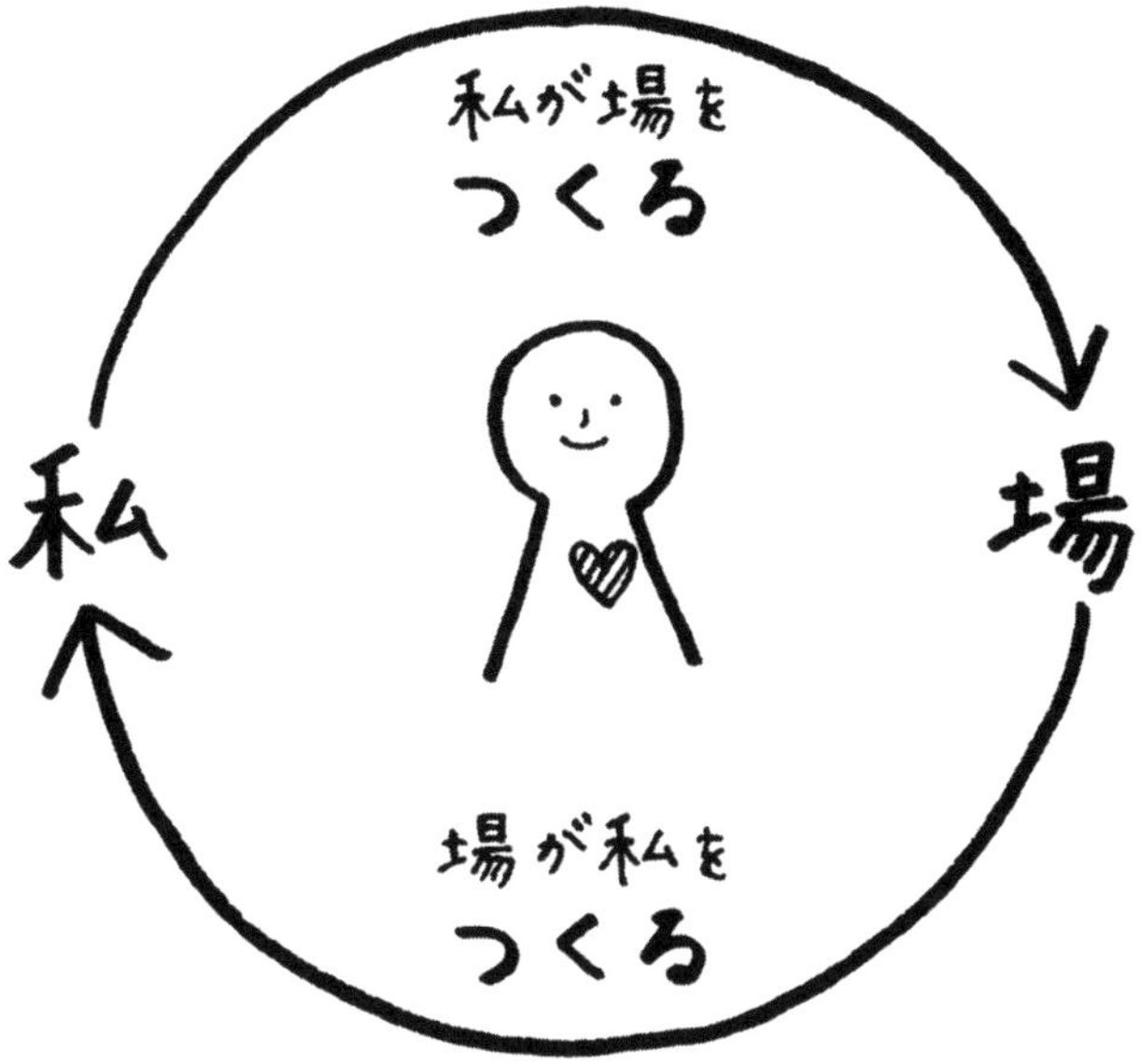

私と場の相関関係

しっかり準備された場というのは、日常の場とは違います。そうすると、日常の場での自分よりも、できることがずっと広がって、パワフルな自分になれるのです。僕は人前で講義をする機会がたくさんあります。期待感を持って集まってもらえることが多く、大抵の場合、とても話しやすいです。落ち着いて、その日に自分がやるべきことを、十分にやることができます。

でも、もしスマホを眺めている人、窓から外を眺めている人、つっぷして眠っている人、おしゃべりをしている人、敵意にみちた視線を投げかけてくる人、そんな人ばかりの会場だったらどうでしょう。幸いにしてこういう経験はありませんが、自分がどうなるのかは想像できます。僕は間違いなく「話しにくい……」と感じるはずです。そうすると、わかりやすいところだけを話して、「この話は今日はやめておこう」などと弱気になるかもしれませんし、緊張してしどろもどろになってしまうことだってあるかもしれません。また、渋谷の雑踏のなかで、道行く人に向かって話せと言われたら、さらに大変です。力を発揮するのは、さらに難しくなります。

これが、場が私をつくる（私が場につくられる）ということです。自分で場をつくるわけですが、キービジュアル（23ページ）で示した通り、その場の上に自分が立つことができますから、自分でつくった場の恩恵を自分で受けられます。場から力をもらえるので、いつもよりもパワフルな自分として存在することができるのです。

場から力をもらった経験がないと、この部分を計算に入れずに、場で活動する自分を想像してしまいます。普段の自分が、そのままでがんばっているイメージです。実際に、ちゃんと場をつくってその場に立てば、普段よりもずっと楽に力が発揮できることがわかります。

必要な場をつくり出そう

場づくりとは、自分が求める場を新しくつくることです。そして、いまある場を、よりよいものに変えていくことでもあります。

例えば「古民家をリノベーションしてコワーキングスペース★をつくる」とします。その場合、先の児童館の例で明らかにしたように、古民家にかっこよく手を入れて、機材を揃えればそれでいいのかというと、それだけでは足

★ **コワーキングスペース**
異なる職業や仕事を持つ人が会議室や打ち合わせスペースなどを共有しながら仕事を行う空間。

りないわけです。その足りない部分をどう埋めるのかということが、場づくりです。

また、「場所がないからできない」「お金がないからできない」というのは、場づくりに関するよくある悩みです。でも、考えてみてほしいのです。自由に使える場所とお金があれば、それで完璧な場がつくれるでしょうか。また、熱意を持った人が大勢いればうまくいくのでしょうか。もちろん、それだけでは足りないのです。それを活かすも殺すも、場づくり次第なのです。

場所だけがあっても場づくりはできません。一方で、自分たち専用の場所がなくても、場づくりは始められます。塾や学校の先生がクラスを運営するのも、場づくりといえます。いっしょに暮らすカップルにも、家族の運営にも、場づくりは有効です。また、いまはたった一人という人も、場づくりはできます。どんな大きな場や活動も、はじめはたった一人の思いから生まれました。

さて、それではどうすれば、必要な場をつくり出せるのでしょうか。どうすれば、その場を多くの人々と共有し、育んでいくことができるのでしょうか。次章では、その筋道を俯瞰したいと思います。

2

ゼロから新しい場をつくるには

場づくりの三つのステップ

まったくのゼロから場づくりを始める人もいるでしょうし、いまあるつながりや、所属している組織などを活かして、よりよい場をつくりたいという人もいるでしょう。

場づくりにはさまざまな進め方がありますが、前述の通り自分の内面とのつながりを保ちながら進めることが大切です。そこがキープできていれば、絶対にこういう順番でなくてはならないという決まりはありません。とはいえ、自由にやってくださいと言われても、何から手をつければいいのか、次に何をすればいいのか、迷ってしまうでしょう。

そこで、本章では、ゼロから始めて、場が徐々に展開し、日常的な場として定着するまでを、大きく三つのステップに分けて示します。場をつくる人が自分の立ち位置を俯瞰するために、ちょうどいいガイドになるはずです。

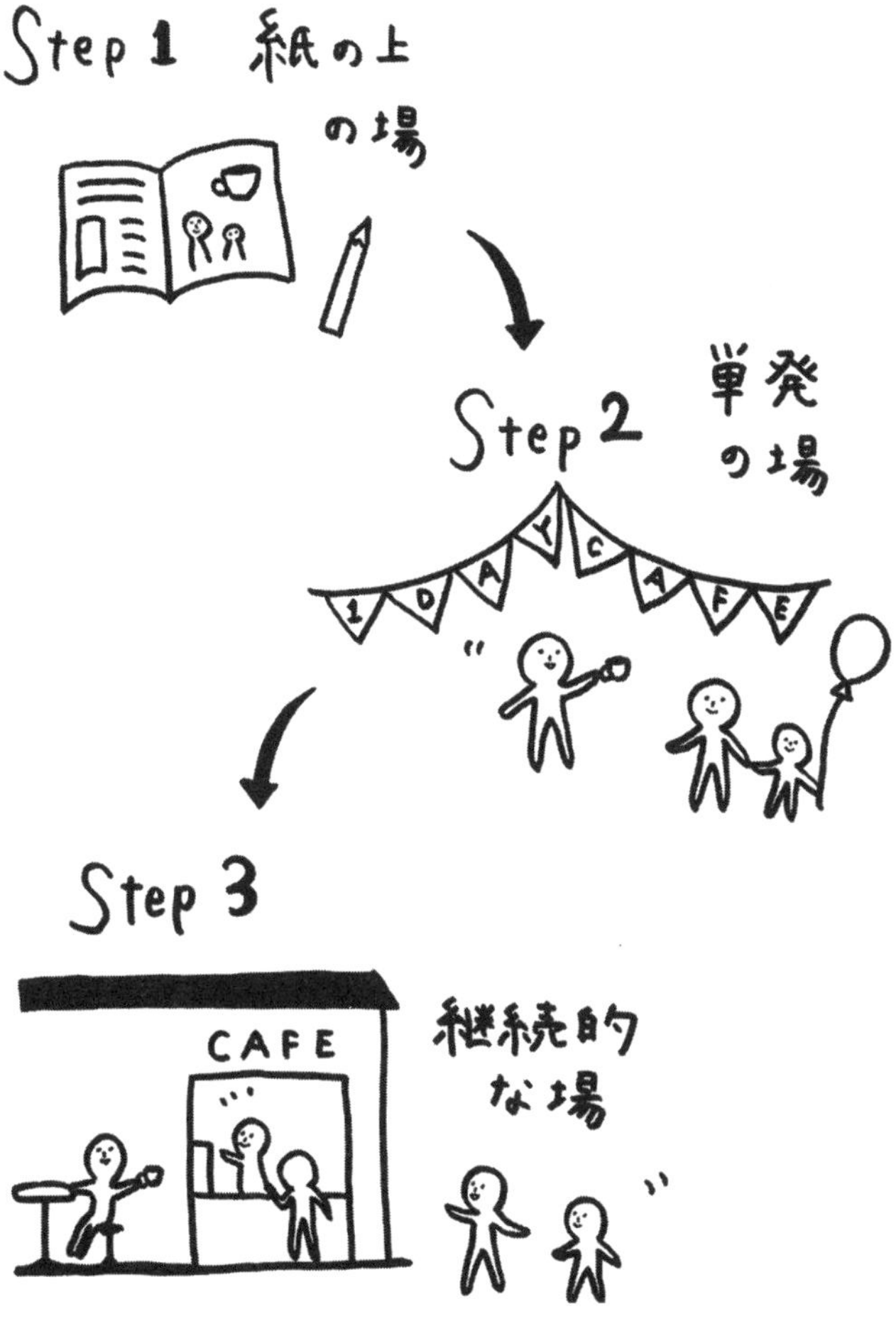

場づくりの3つのステップ

さて、場づくりを大きく三つのステップに分けて捉えます。

ステップ1　紙の上に場をつくる
ステップ2　単発の場をつくる
ステップ3　継続的な場をつくる

まずは紙の上に、自分のやりたいことを探ったり、整理したり、プランを練るための場を開きます。また、情報発信に利用して、仲間をみつけていきます。次に、単発の場に移行します。単発の場は、腕試しにもなりますし、本当につくりたい場がどのような場なのかを深める機会にもなります。継続的な場は、その先に位置するもので、一つの達成の目安です。「継続的な場をつくりたい」という明確な目標がある場合でも、その前に単発の場を入れると、スムーズに事が運びやすくなります。

例えば「常設のコミュニティカフェを開きたい」と考えるグループがあったとして、いきなりテナント契約をして出店するのではなく、単発の場として「一日だけのコミュニティカフェ」を開いてみて、そこから得られた経験や情報を活用して、継続的な場に移行していきます。

それぞれのステップでの具体的な考え方や進め方を、これから順番に示していきます。

ステップ1
紙の上に場をつくる

ステップ1は紙の上の場です。まだ場のイメージがぼやけていて動き出せない人は、ノートの上から始めてみませんか。

自分のなかには、場として結実させたい思いやエネルギーがあるけど、まだ場がない。仲間もいないし、どんな場をつくりたいのかはっきりしない。もしそんな状態だとしても、紙の上を場づくりのスタートラインにすることができます。

思いをアウトプットして眺める

◎ノートの上にオフィスを開こう

あなたのつくりたい場や活動のイメージが湧いてきたら、ノートにどんどん書いていきましょう。整然と記録する道具としてではなく、思考し、前に進むための道具として、一ページに一テーマくらいのつもりで、どんどん使っていきます。まだ妄想段階のアイデアも、こんな感じはどうかな……とノートに書いてみます。

まだ自分の場のイメージがぼんやりしている人は、気になる本を読んだら読書メモをノートにつくります。関連するセミナーに行ったら、その内容や感想を書きます。セミナーのフライヤー★が素敵だなと思ったら、貼り付けておきます。イラストで表しても構いません。大切なのは、自分の内側にぼんやりとでも浮かんでいる思いを外に出すことと、それを眺めることです。紙のノートでも、デジタルデバイスでも、自分の好きな道具、気持ちが上がる道具を選んでください。頭のなかだけで記憶しているのと、ノートに記録が残っていてそれを参照できるのとでは、リアリティが全然違います。

前述のように、このノートはあなたの場づくりオフィスです。いまはバーチャルオフィス★とか、ノマド★とか、いわゆる施設ではない、新しいオフィス

★フライヤー
広告のチラシ。主に店舗などに置かれるものを指す。

★バーチャルオフィス
オフィスが果たしていた機能を代替するＩＴインフラ、あるいはサービス。

★ノマド
仕事を決まった職場ではなく、カフェやレンタルスペースなどで行うワークスタイル。

の形態が生まれています。それが可能なのは、オフィスの本質が施設ではなく、機能だからでしょう。

おわかりでしょうか。そのノートに向かっている時間と空間は、すでにあなたの場なのです。そんな簡単なことかと思うかもしれませんが、心のなかをみつめている状態と、ノートにアウトプットされたものを眺めている状態では、大きな違いがあります。自分のなかにそういう思いがあることを、客観的に認識できます。

僕がお勧めしたいのは、日曜の朝でも、平日の夜でもいいので、ノートに向き合うための機会を、定期的に設けることです。早朝の静かなキッチンでも、落ち着けるカフェのテーブルでも、バーのカウンターでも、あなたにとって心地よい場所を探してください。そこはすでにあなたの場です。ノートと自分の内側に向き合う時間を大切にして、充実させていってください。このステップでは、どう実現するのかよりも何を実現したいのかが見えてくることの方が重要です。

◎パーソナルレターをつくろう

ノートにさまざまなことを書き連ねていくと、ある程度のまとまりのあるページができてきます。場のテーマや方向性が見えてきたり、「まだはっきりしないけど、いくつかのテーマが関係している」ということがわかってきたりします。また、抽象度の高いテーマではなく、ぜひ実現させたい場のイメージが見えてくることもあるでしょう。

ここまで来ると、そろそろノートの上を飛び出して、自分以外の人々に発信していい段階です。発信の手段としておすすめしたいのがパーソナルレターです。パーソナルレターというのは、個人発行の★ニュースレターのこと。ニュースレターというと、機関誌など組織の発行物というイメージがありますよね。よく「個人で発行するんですか!?」と驚かれるのですが、その通りです。インターネットが得意な人は、紙媒体にこだわらなくてもいいのですが、紙媒体だからこそのパワーが、パーソナルレターにはあります。

思いをパーソナルレターにして発信する

パーソナルレターの強みは、新聞の体裁をとっている点にあります。なぜそれが強みなのか、情報発信の作法に触れながら説明していきましょう。情報発信をする際に身につけたいのは、受け取る人からどう見えるのかを想像する態度です。

パーソナルレターに似たものに、チラシや手紙があります。チラシは、情報を受け取る側に「売り込まれている」という感覚を与えます。よほど自分にぴったりのものでなければ、チラシをもらいたいとは思わないでしょう。チラシの類は受け取りたくないという人も多いでしょう。

手紙は、関係性によって大きく意味合いや印象が変化します。親しい人にこれからやりたいことを伝える手段としては、とてもいいですよね。でも、あまり親しくない人から突然封書が届いたら、ちょっと驚くかもしれません。「返事を書かなきゃいけないかな……」と気にする人もいるでしょう。

その点、新聞ならば、「えっ、新聞出してるの？」と面白がってもらえます。ここが利点です。

新聞（ニュースレター）として見えるようにするには、新聞としての体裁を整える必要があります。基本的な構成要素は次の通りです。

★ニュースレター
新聞紙型の小サイズの情報誌。一般的に、特定のグループが興味をもつ情報を掲載している。

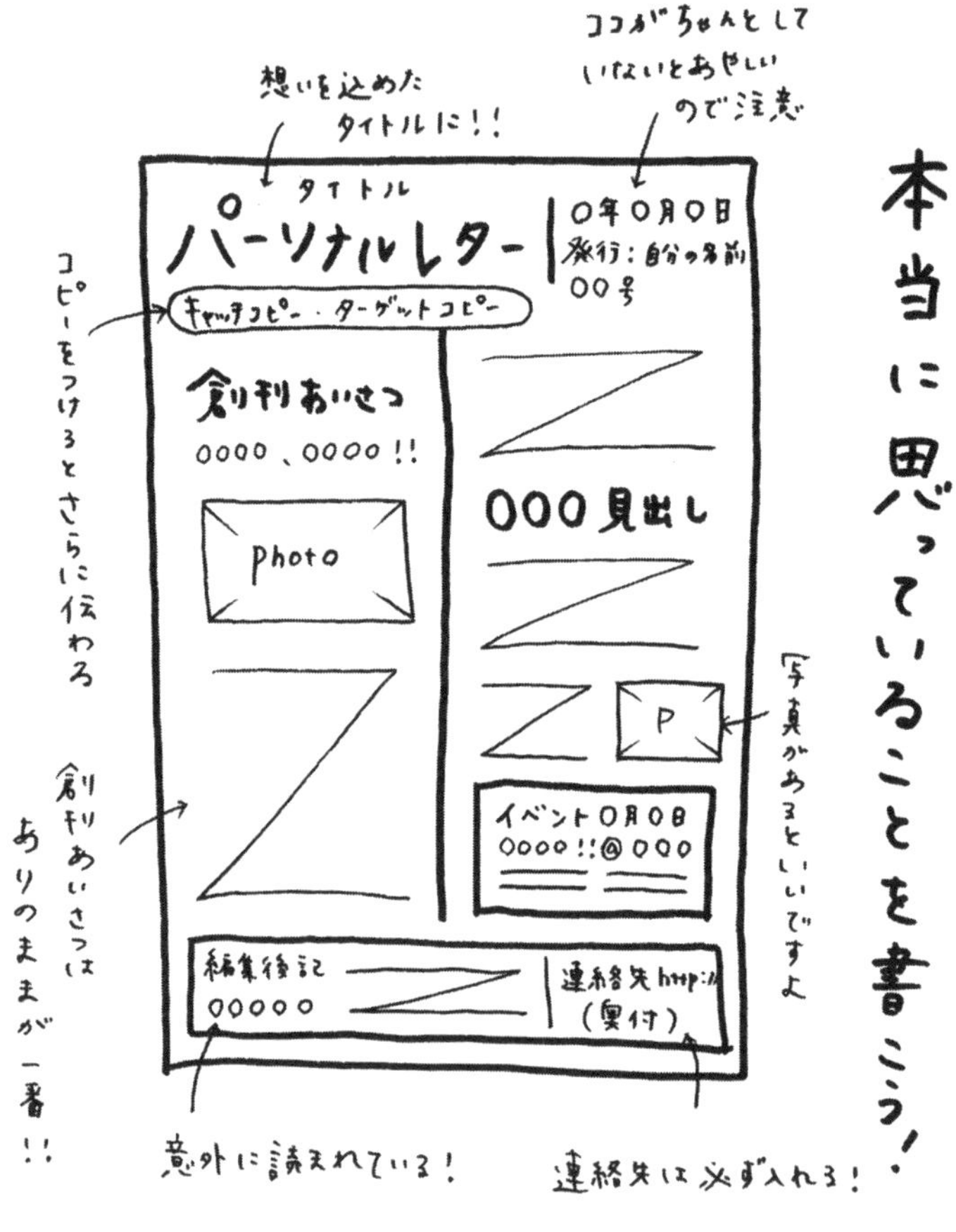

A4用紙一枚にレイアウトした例

・タイトル
・メインの記事
・サブの記事
・告知
・編集後記
・奥付

レイアウトデザインは、気に入ったニュースレターやフリーペーパーを参考にするといいでしょう。手書きでつくっても、パソコンでつくっても、どちらでも構いません。大切なのは、新聞の体裁を整えることです。

ここで間違えてほしくないのですが、新聞の体裁を整えることと、当たり障りのないことを書くのとは、まったく違います。体裁を整えるのは、気楽に受け取ってもらうために必要ですが、内容は万人受けを目指してはいけません。真意が伝わるよう表現には配慮が必要ですが、あなたの本当にやりたいこと、本当の気持ちを書くようにしましょう。そうしないと、メッセージから輝きが失われますし、つながりたい相手とは違う人を引き寄せてしまいます。本当の気持ちを書くことによって、必要なつながりを得ることができるのです。

◎パーソナルレターの配布方法

パーソナルレターは紙媒体ですので、印刷して配布する必要があります。自分の場づくりに関係する機会はもちろん、出かけるときには忘れずに何部か持って行きましょう。そして、臆せず配りましょう。もうひとがんばりして、封筒に入れて送るという方法もあります。また、お店などにお願いして置かせてもらうという方法もあります。

簡単なのは、SNS★を使うことです。パーソナルレターをつくったら、スキャンするか写真撮影をして画像化し、一言添えてSNSに投稿します。小さな文字でも拡大すれば読めるくらいの解像度で画像化しておくと、意外に読んでもらえます。個人で出している新聞というだけで、ちょっと興味を惹かれますし、同じ内容の長文をSNSに投稿するよりもずっとインパクトがあります。

★SNS
交友関係の構築を目的としたWEBサービスの総称。Social Networking Serviceの略。

ステップ2 単発の場をつくる

紙の上の場をある程度続けて、つくりたい場のイメージが見えてきたり、興味を持ってくれそうな人がいることがわかってきたら、そろそろ次のステップを試してみてください。それは「単発の場」への挑戦です。

突然ですが、あなたがつくろうとしている場は、どんな開催ペース（頻度）でしょうか。

年に一回、月に一回、週に一回、毎週月曜日から金曜日、年中無休……。いろいろな開催ペースがあります。いきなりハイペースでの定期開催から始めようとすると、どうしてもハードルが高くなります。でも、定期開催ではなくても、場は開けます。それが単発の場です。

「好きな映画の自主上映会を開きたい」
「ひいきにしている噺家を呼んで落語会を開きたい」
「会社や団体の周年記念のイベントを開きたい」

どれも一度きり、「単発の場」として開催できます。

こうした単発の場をつくることは、これから場づくりを始める人にとって、たくさんのメリットがあります。また長く活動を続けている人が改めて仕切り直したいというときにも、とても有効な手段です。

◎単発の場には型（フォーマット）がある

単発の場には、メインコンテンツがあります。コンサートなら演奏、食事会なら食事、自然観察会なら自然観察が、その場のメインコンテンツです。しかし、メインコンテンツだけでは、場として成立しません。お客さんにあたる参加者がいるなら、受付をしたり案内をしたりが必要ですし、他にもメインコンテンツの前後に必要なプロセスがあります。

左の図をご覧ください。この図では、単発の場を、イントロ→メインコンテンツ→アウトロという流れで表しています。イントロ、アウトロというのは音楽用語です。イントロは歌が入る前、アウトロは歌が終わった後に流れるメロディのこと。単発の場を、一つの曲として捉えてみてください。

イントロは、期待感を高め、人の気持ちを集中させます。そして、美しく

単発の場の型（フォーマット）

自然な流れでメインコンテンツに入っていきます。アウトロは、メインコンテンツの余韻を残しながら曲を締めくくります。場づくりは、こうした「流れ」がとても大切なのですが、最初はちょっと難しいかもしれません。場数を踏みながら、どんな流れがいいのか、いろいろ実験してみてください。

よくあるシンプルな流れを示しておきますので、参考にしてください。①から③がイントロ、⑤から⑥がアウトロです。

①会場設営
②受付
③開会の挨拶（宣言）　←→　イントロ
④メインコンテンツ
⑤閉会の挨拶（宣言）　←→　アウトロ
⑥会場撤収

◎やりたいことを型（フォーマット）に落とし込む

あなたがあなたのやりたいこととつながりのある単発の場をつくるとした

ら、そこはどんな場になりますか。メインコンテンツは何でしょうか。単発の場のフォーマットに、あなたのやりたいことを落とし込んでみてください。

〈イントロの考え方〉

イントロは、会場設営などの開会前の準備から、開会後メインコンテンツ前までの部分が含まれます。開会前にできることは、基本的に開会前にやっておきます。内容や会場によって違うので、どんな準備が必要なのか、想像力を働かせてイメージしてみます。イントロ部分に限りませんが、イメージするなら、静止画よりは動画のほうがいいです。そのとき不鮮明な箇所は、もう少し丁寧にイメージする必要があります。会場の備品が不明なら、問い合わせたり下見に行ったりして確認します。確認すれば済むことはたくさんありますので、マメに確認するようにします。

流れを考える段階では必ずしもここまでやらなくていいのですが、時間は積み上げて計算します。百脚の椅子を並べるのに必要な時間は何分でしょうか。一脚を配置するのに十五秒かかるとしたら、ノンストップで動いても一名でやると二十五分かかります。椅子が倉庫にしまわれているとしたら、もっとかかりますよね。「なんとなく十五分くらい」みたいな感じだと、準備時間が不足して、メインコンテンツに入る前にバタバタしてしまいます。計算して確認できることは、事前に計算しましょう。不確定要素が減ると、どんどん身軽になれます。

もう一つ想像力を働かせてほしいことがあります。それは人のコンディションです。その場にいる人たちが、どんな気持ちで、どんな体調でいるのかを想像してみるのです。

季節は夏、子どもたちと自然観察会に行くとします。集合場所は広いキャンプ場の小川の横。メインコンテンツは虫を観察したり、草花の名前を調べたりしながら、キャンプ場を一回りすることです。さて、イントロ部分（集合したとき）に子どもたちが一番やりたいことは何でしょう。

暑い日なら、子どもたちは川に入りたい、川の近くまで行ってみたいと思うかもしれません。予定では、メインコンテンツの最後の時間に川に戻ってきて、水辺の生きものを観察することになっています。コンディションを無視すれば、まずキャンプ場を一回りして、最後に川に戻ってくればいいのですが、それでは流れがよくありません。

僕なら、川であそぶ時間を少しとってから観察に出かけるか、水辺での観察を先にまわします。それがどうしても無理なら、「本当はすぐに川であそびたいけど、こういう事情があって無理だから、最後に川に戻ってくるまで楽しみに待ってて」と伝えます。このイントロなら、メインコンテンツへの集中を疎外しません。

流れが想像できますか。想像力を働かせて、人のコンディションに配慮しながら、その場でやりたいことを実現する。そのためには、いい流れをつくる必要があります。もちろんこれは単発の場のイントロ部分だけでなく、あらゆる場に必要です。

乾杯のために起立して、グラスを持ち、その状態で延々と挨拶を聞かされる。よくある例ですが、流れが悪いです。このように、悪い流れに直面するとだれでも気づけます。一方で、いい流れというのは自然な流れですから、普通は気づきません。場づくりに取り組む人は、どこかの場に出かけていくときには、流れを意識してみてください。勉強になるはずです。

さて、イントロ部分で忘れてならないのは、はじめの挨拶（宣言）です。簡単に「これから○○を始めます！」と宣言するだけでも構いません。日常との境界線をしっかり引いて、場のまとまりを示します。言葉で宣言をしなくても、だまって楽器を演奏してそれに変えたり、オープニングムービーを用意しておいて放映したり、いろいろな方法がありますね。

また、趣旨説明（開催の経緯説明）や一日のスケジュール報告などをすると、「どんな集まりなんだろう？」「次は何をするんだろう？」という参加者の疑問を解消できるので、やはり安心してメインコンテンツに入っていけます。

〈メインコンテンツの考え方〉

メインコンテンツは、単発の場の中心です。ここが一番大事なところ、ひるまずにしっかりやりましょう。時間的にも、イントロやアウトロよりも長い時間が配分されるのが普通です。

長い時間枠のコマは、やはり必要な時間を積み上げて、その時間枠に収まるのかどうかを想像しておく必要があります。ありありと想像すると課題が見えてきますし、その課題を事前に解消できれば場が整います。

長い時間枠で難しいのは、時間の調整です。時間の見積もりが難しい時間帯もあるでしょう。そんなときは、必ず守る時刻と、状況次第で動かしてもいい時刻を分けて捉えます。そうすることで、急がなければいけないのか、ゆったりしていいのか、現場で判断することができます。メインコンテンツを十分に味わえるようにしましょう。

〈アウトロの考え方〉

締めくくりの時間に必要なことは何でしょうか。アウトロは、やり残したことをやる時間でもあります。このときも、参加者のコンディションを想像しましょう。

メインコンテンツの内容によっては、参加者同士があまり話す機会がないということもあり得ます。それでもよさそうなのか、それともいろいろな人と話したいと思うのか。ケースバイケースですが、後者なら、アウトロでそうしたニーズに対応する時間を設けます。

時間があまりなければ、一言ずつ感想を話してもらうだけでもいいでしょう。イントロにグループごとの自己紹介を入れておいて、アウトロでは同じグループで感想を伝え合う時間を取ることもできます。全員が残れなくても、希望を募って懇親会を開く方法もあります。余韻を楽しんだり、「もう少しこうしたかった」というニーズにできる範囲で対応します。

そうは言っても単発の場という小さな器に、すべてを盛り込むのは難しいことです。そのため、やり残したことがあるのが普通です。もう一度この単発の場を開くこともできますし、その際には「盛り込めなかった部分をどう盛り込むのか」が、課題となります。

◎単発の場から始めるメリット

改めて、単発の場から始めることのメリットをまとめてみましょう。

・単発とはいえ、実際に場づくりをする経験が得られる
・自分がどこまでやれるのか、実力が測れる
・仲間をみつける機会になる
・自分の求める場が鮮明になる
・「継続的な場」への布石になる

読者のなかには、「単発の場ではなく、継続的な場づくりがしたい」とい

う人も多いでしょう。本書は、そうした継続的な場づくりを念頭に置いて書かれています。その前提で言うのですが、やっぱり単発の場から始めることを強くお勧めします。単発の場を企画し、開催し、閉じるためには、場づくりに必要な要素がだいたい一揃え入っています。当日だけでなく、企画を立ち上げること、会議や作業をして準備すること、振り返ること……どれも継続的な場づくりをするなら、なくてはならない要素です。

つまり、単発の場をしっかり運営していると、継続的な場を運営するために必要な力が、自然につくのです。逆に、単発の場の運営がおぼつかないようだと、まだ継続的な場を運営していくのは難しいです。自分たちの実力を測るのにも、単発の場は有効です。

日々の生活が忙しかったり、いきなり継続的な場づくりへの挑戦に踏み切れなくても、単発の場という枠組みなら挑戦できます。また、単発ということは、「試しに一回やってみます」と言えるので、もしそれきりになってしまっても何の問題もありません。

まずは、一度きりでもその場を出現させて、その場の上に立ってみてください。「これだ！　ぜひこれを続けたい」と思うのか、「ちょっとこれは違うな……」と思うのか、いずれにしてもやってみれば次があります。まずは感覚をつかむこと。やれば必ず得るものがありますし、やらなければ何も変わりません。

◎意志で日常を変える難しさ

一度きりの場を形容するのに「打ち上げ花火のような」という言葉が使われることがあります。夜空に開いた花火は、すぐに消えてなくなってしまう。「はかないからこそ美しい」わけですが、場づくりをする人には、その美しさをどうすれば日常に反映させられるのか、真剣に考えてみてほしいのです。

あなたは、大きな気づきや感動が得られるようなイベントに行ったことがありますか。

僕は若い頃に、そんな体験をしたことがあります。「よし、自分はこのイベント（教育がテーマの合宿形式のワークショップ★でした）の経験を活かして、自分の生活や生き方、進路を決めていくぞ！」と意気揚々と帰ってきたのに、日常生活に戻ってしばらく経つと、その鮮烈さはどんどん失われて、あっという間に「自分には無理だよね……」というところまで来てしまいました。

★ **ワークショップ**
参加者が共同で何かを学びあったり創り出したりする場。

当時まだ僕は学生でしたが、イベントで手にしたはずの「大切なもの」を、日常生活のなかでも保ち続けるのは、とても難しいことだと思い知りました。

「夜に書いた文章を、朝読み返してみると、ちょっと気恥ずかしく感じる」という話がありますが、あれと構造は同じです。似たような経験はありませんか。気づいても変われない。この話をすると「私は意志が弱いから」という人がいますが、本当に意志の問題なのでしょうか。

日常というのは、それが好ましい状態であれ、そうでない状態であれ、それなりに完結して安定しています。下の図の一番右に白い立方体で示したのが、あなたの「日常生活」だと思ってください。

真ん中の上の突起物は、イベントなどの単発の場です。日常生活のなかでのイベントは、異物そのもの。ちょうどよく完結している日常生活のなかに、うまくフィットできていません。単発の場直後の高揚した状態というのは、こ

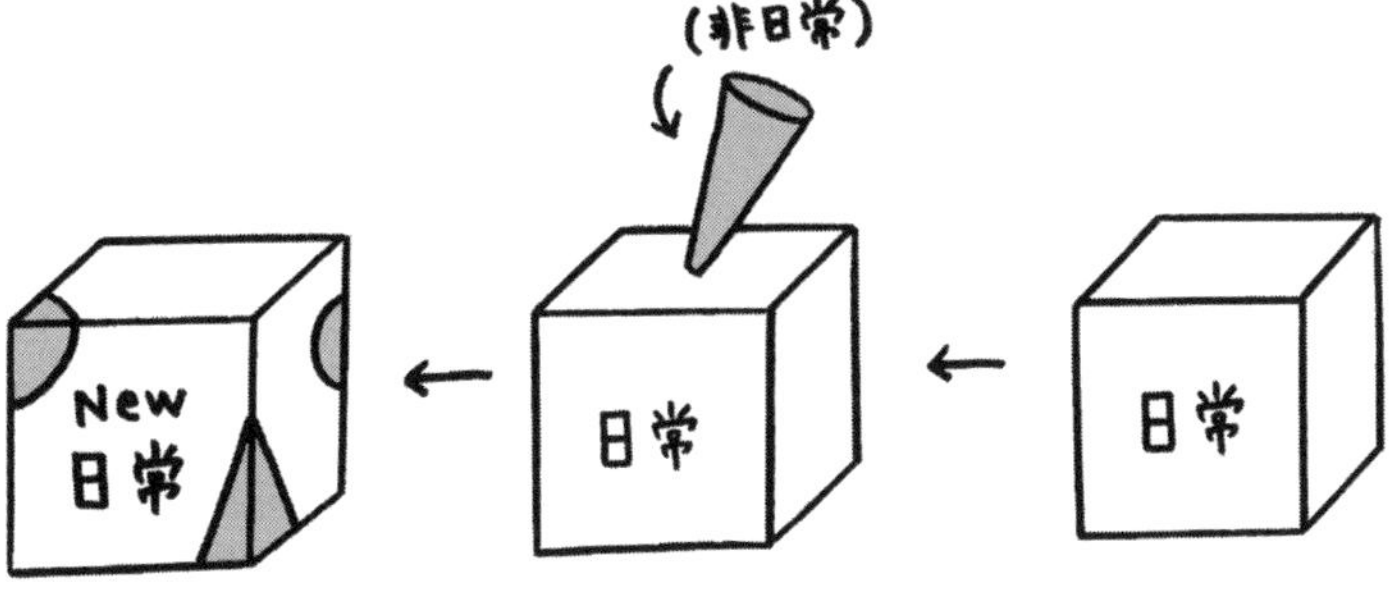

新しい日常が生まれるまで

の突起物が、日常という白い立方体に突き刺さっている状態です。

日常生活というのは、良くも悪くも、その人にちょうどよい状態で完結しています。もし日常に対してストレスを感じていたとしても、まさにその「ストレスを感じ続けている」というのが日常なら、それが維持・継続されるための要素が、ちゃんと揃っているわけです。

単発の場を通して何かの気づきを得たり、志を立てたりした状態（A）と、その前の状態（B）と比較すると、日常というのは、AではなくBにとってちょうどいい状態です。ちょうどよくなるように、年月をかけてチューニングされています。生活が安定していればいるほど、チューニングの精度は高く、ちょっとやそっとでは揺らぎません。

そんなときに、Aの状態にシフトすると、いままであたり前だと思っていた日常に対して、違和感を持ちます。「いままでこれで当然と思っていたけど、違うんだ」「いままであたり前のようにやっていたけど、これからは改めなくては」などと、特定の行動様式に対して疑問を持つこともあります。

しかし、この違和感は、そのまま生活していると、次第に小さくなっていきます。Aの状態から、元のBの状態へと、次第に戻っていってしまうからです。それは、人間関係、タイムスケジュール、ふるまいなど、日常のあらゆる要素が、AではなくBの状態に合わせてあるからです。そこで「普通に」やっていると、Aの状態では違和感が大きすぎて、やっていけないのです。意志の問題だけではない、というのは、こんな構造があるからなのです。

単発の場で得た（はずの）「大切なもの」を日常に持ち帰るためには、どうすればいいのか。その答えは、その大切なものに対応した場をつくることです。この先の段階に進んだときに、細かなやり方を説明しますが、「気づき」や「志」というのは、心の内側にだけ存在していては、長く保つことが難しいのです。

◎単発の場には限界がある

単発の場の次のステップは「継続的な場づくり」です。話を進める前に、単発の場の可能性だけでなく、限界について知っておいてください。どのような限界があるのか、例をあげて説明します。

夏休み、子どもたちのためのキャンプが開かれました。高校生や大学生などのボランティアが運営するキャンプで、三ヶ月前から準備がはじまり、当日はとても盛り上がります。

数人の子どもたちの班に、一人ずつ学生ボランティアのリーダーが付きます。あるリーダーは、班が盛り上がらず、子どもたちがよそよそしかったり、積極的にならないことを、ずっと気にかけていました。しかし、三泊四日のキャンプの最後の夜、キャンプファイヤーのときに、一番年長の子が「みんな、いっしょにがんばろう！」と声をかけ、とてもいい出し物をつくりました。その子の積極性、出し物のおもしろさ、班がまとまったことに、リーダーは感動します。

同じような経験をしたリーダーは他にもいました。子どもたちが寝静まった後、リーダーたちは焚き火を囲んで、一日の出来事を報告し合いました。そして、「たった三日間でこれだけ子どもが変わるキャンプはすごい！」とだれかが言い出して、みんなで「確かにこれはすごいことだ！」と気持ちが高ぶりました。

そんなとき、ずっと寡黙だったあるリーダーが、泣きながら数日間抱えていた不安と、あきらめかけていたけど子どもたちのがんばりに感動したことなどを話し、もらい泣きするリーダーもいました。炎に照らされて、とても感動的な夜になりました。

……というのは、僕の実体験を再構成した架空の例です。僕は学生の頃、子どもたちのための活動に学生ボランティアとして参加して、こういう場面に何度も出くわしました。若く未熟だったので、感動してしまったことも何度かありましたが、次第に客観的に俯瞰できるようになりました。

まず、「たった三日間で子どもが変わった！」という評価は、ちょっと視野が狭すぎます。リーダーシップを発揮した子は、もともとその力があり、普段からそうしていた。しかし、そのキャンプの雰囲気に馴染めず、興味の持てない活動を長時間やらされたりして、うんざりしていた。それでも、最後の夜だし、このまま盛り上がらないのもつまらないからと、いつもの自分をちょっと発揮した——ということかもしれないのです。

何年も長時間にわたって関わっている子どもの変化ならまだしも、そうした「夏休みイベント」の力で、子どもが変わることなどありません。変わったとしたら、もう変わるタイミングで、そこに立ち合っただけなのです。それをみんな自分たちの成果だと考えてしまうと、客観性が失われ、現実が見えなくなってしまいます。この場合、「わたしたちの力で子どもが変わった！」と盛り上がるのではなく、初日や二日目になぜその子は元気がなかったのか、自分たちの場づくりに問題はないのか、冷静に振り返るべきなのです。

単発の場の限界は、良くも悪くも、そこが非日常だということです。生活を変えるためには、非日常を日常化しなければなりません。それにもかかわらず、子どもキャンプの例のように単発の場を万能な場であるかのように捉えてしまうのは、そこに「意識の高揚感」が介在しているからです。意識の高揚感には、取るに足らないことをすごいことに祭り上げ、冷静に対処しなければならないことを見逃させてしまう力があります。

◎「意識の高揚感」が目的にとって変わる

これは実際にあった話です。事前の会議で繰り返し指摘されていたことを「後でやるから」とやらなかったボランティアスタッフが、打ち上げの場で泣きながら「わたしは全然、きちんとできなくて……みんなにも迷惑かけて、本当にごめんなさい」と言い、周りの人たちは「いや、君はがんばっていたよ」「わたしが困っているときに、元気づけてくれたよね」など口々に慰めて、なんとなく感動的な雰囲気ができたことがあります。

僕は繰り返し、必要な準備が抜けていることを指摘していたので、「がんばっていたとか、だれかを助けたとかではなく、あれだけ指摘されていたことをなぜできなかったのか、そのことを話し合わないといけないんじゃない？」と発言して、失笑されたことがあります。

あなただったらどう思いますか。「いまそんなこと言わなくても」と思うでしょうか。それとも「もっともだ」と思いますか。

そのときの僕の発言は、とてもウケが悪かったですし、空気を読まない一言だったと思います。でも、それは必要な一言でした。「空気を読むな」とは言いませんが、読んでいてもそれに距離を置くことが大切です。意識の高揚感に惑わされず必要なことは話し合うべきなのです。

単発の場は、ハレの舞台。スポットライトの当たる祝祭空間です。仲間がいて、力を合わせて準備して、達成する。感動して涙する。新しい恋が芽生える……かどうかはわかりませんが、なんといっても「お祭り」なわけです。僕は、それらの浮ついた気持ちをひっくるめて意識の高揚感と呼んでいます。

気づきが得られるような体験や、感動できる体験というのは、それ自体はすばらしいものです。元気が出ますし、意欲が湧いてきます。ただ、そういうエネルギーが、日常生活のなかで消耗してしまう構造は、いままで書いた通りです。

意識の高揚感は、日常生活を変える力がなくても、それが続いている間だけは魔法のように気分がよくなります。満たされない辛く苦しい日常がある人が、その日常そのものと向き合い、それを変えていこうとするのではなく、そこから目を背けてただただ意識の高揚感に中毒してしまう。「感動したい！」「達成感を味わいたい！」「ありがとうって言われたい！」「仲間といっしょにいたい！」といったように、本来の目的に取って変わってしまうのです。

場づくりが最終的にフォーカスするのは、その場に関わる人の「日常生活」です。他人の意志でだれかの日常を変えるということではなく、その場に関わる人が、その場があることによって、自らの望む日常生活を創造していくのです。

単発の場は、日常に風穴を開ける力があると思います。異質感を放って日常にぐさりと突き刺さる、そんな場がつくれれば、「その先」も見えてきます。

ステップ3
継続的な場をつくる

さて、もう一度、63ページの日常とイベントの関係図を見てみましょう。

一番右の白い立方体が日常、突き刺さる突起物がイベント（単発の場）です。そしてお気づきのように、一番左側の灰色がまだらに混じっている立方体が出現しています。これは「継続的な場が組み込まれた日常」を表しています。

単発のイベントは、単発だからこそがんばれる、短期間だからこそ、エネルギーを集中できます。でも、それをずっと続けようとすると無理が出てくる。それでは、どうすればうまく日常に取り込むことができるでしょうか。

そこで、先ほどの白い立方体の図を、次のページのようなイラストにしてみました。

一番右の白いごはんは、日常。真ん中のごはんの上の梅干しがイベントです。まるごと一個口のなかに放り込むと、インパクトがあります。毎日朝昼晩と続くと、酸っぱいものが苦手な人にはちょっとつらいですよね。左側は、梅干しの種を取り、梅肉を混ぜ込んだ梅ごはんです。一個の梅干しを、何食かに分けて、少しずつ食べます。これならだいぶ食べやすくなります。

梅ごはんの例は、分割して取り込むという方法を示しています。地域の中心地で、年一回開催されていた大きなお祭りなら、規模を縮小して、四季ごとに開催する。当初のような（打ち上げ花火のような）目立ったインパクトが減少する一方で、確実に日常に入り込んでいきます。

別の散りばめ方も考えられます。年一回でも、中心地ではなく、各地域でそれぞれ開催するようにします。これも規模は小さくなるでしょうが、横への広がりがあります。それにもしかすると、地域によっては年に一回ではなく、春・夏・秋・冬など、小分けにして開催することができるかもしれません。

それぞれの地域が力をつけた後で、合同で中心地でお祭りをやると、最初に開かれていた年一回のお祭りを、質量ともにはるかに凌ぐお祭りができる可能性もあります。

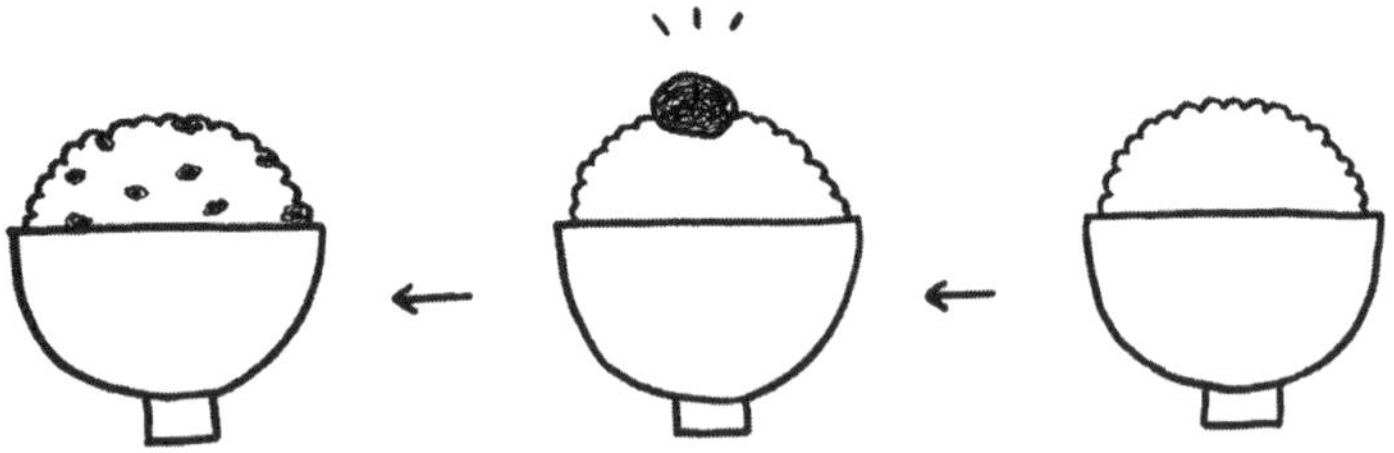

白いごはんが日常、梅干しがイベント

◎継続的な場と居場所づくり

継続的な場の持つ力を考えるために、居場所を例にして考えてみましょう。「居場所づくり」★というカテゴリに含まれる場づくりは、非常にたくさんあります。見方次第では、大部分がこのカテゴリに収まってしまうかもしれません。

僕は、子どもたちのための居場所スペースを、およそ十年間運営した経験があります。子どもたちがいつでも自由に来られる居場所スペースでした。「いつでも自由に」と言っても、開放時間というのが一応決まっていて、月・水・金の朝十時から夜八時まででした。この間、子どもたち（小学校高学年以上、高校生くらいまで）は、自由に出入りできるようになっていて、実際に大勢の子どもたちがやってきました。

十年の間には、部屋に入り切らないくらい人数が多い日もあれば、たった一人しか子どもが来ない日もありました。「どれくらいの人が利用してくれるのだろう。だれも来なかったらどうしよう」などと、最初は人数を気にしていましたが、次第にどうでもよくなりました。それは居場所というものの持つ継続的な場の力に気づいたからです。

★居場所づくり
地域の人々のための居場所や、共通した問題や課題を持つ人々のための居場所など、さまざまなバリエーションがある。建物を持つ場合と持たない場合がある。

◎居場所は心の中にも生まれる

場づくりの動機としては、自らが主体となって、自分の求める居場所をつくり出すというのが、一番シンプルなものです。

さて、その居場所がどこかのカフェだったと仮定してイメージしてみましょう。そのカフェでは、店主がいろいろ相談に乗ってくれるし、スタッフの人たちと友達のように付き合っています。常連客の人々とも親しくなって、だれかに会えればうれしいし、一人で行ってもほっと一息つけます。そして、帰る頃には元気が出てくる。あなたは、そのカフェを自分の居場所だと感じています。

ところが、ちょっと多忙な時期に入り、いつものようなペースではカフェに顔を出せなくなりました。あなたは自分の居場所を失ってしまったのでしょうか。そんなことはありませんよね。少し無理をすれば行けるかもしれませんし、すぐには無理でも、しばらく経てばまたそのカフェに行けるのですから。

これが継続的な場の持つ力です。つまり、そのカフェはあなたがそこを訪れたときだけでなく、そこを訪れていないときでもあなたを励まし、生活を豊かにしてくれています。

いくら居心地のいい居場所だったとしても、それが不定期開催のイベントだったらどうでしょうか。今回はたまたま参加できましたが、次回は参加できないかもしれませんし、もしかしたら次回なんてないのかもしれません。そんな場を、日常生活を送りながら「自分の居場所だ」と感じるのには無理があります。

先ほど書いた「子どもの居場所」を始めたのは、中学生たちの卒業がきっかけでした。それまでの活動では、小中学生たちが対象で、中学生たちは学校の卒業と同時に、活動からも卒業することになっていました。

その時期、大勢の中学生たちが通ってきていました。彼らは卒業することに不安を感じていましたし、卒業後に学校がバラバラになっても、つながりを保ちたいという気持ちを持っていました。先ほどのカフェに例えれば、忙しくて行けなくなるのではなく、閉店してしまうに等しい状況です。そこでの体験がかけがえのない大切なものであればそれだけ、その喪失の持つ意味は大きくなります。

そこで僕は、高校生たちも参加できる新しい活動カテゴリが必要だと考えました。週末の昼間の活動では参加しにくいだろう高校生たちがいつでも気楽に立ち寄れる居場所をつくることにしました。そしてその居場所を開くとき、僕は彼らにこう約束しました。

「三年は必ず続けるから」

高校の三年間はとりあえずいままでの居場所があるんだ、と安心してほしかったからです。「ずっとやるからね」と約束することはできませんでしたし、「ずっと続ける」ということが、高校生たちにとって必ずしもよいことではないと思いました。

結局十年やりましたが、家庭の事情で通えなった子が大学生になってふらりと顔を出したり、夜中に家出の子どもが駆け込んできたり、はたまた親子ののっぴきならない話し合いが居場所スペースで開かれたり、到底書き切れないほどのさまざまなことがありました。

数年のブランクがあって顔を出した子が、「ずっと来られなかったけど、いつでも行けると思っていた」と言ったときに、居場所というのは、本当はその人の心のなかにあるのだということを思い知らされました。その人がその人らしく存在できる居場所を守るということは、その人らしさを守ることにつながっているのです。

◎常設化を見極める

このように継続的な場の持つ力はとても大きなものがあるわけですが、継続的な場になった途端に、薄まってしまい、あるのかないのかわからないような状態になってしまうケースもあります。

今度は、コミュニティカフェ★を例に挙げましょう。

コミュニティカフェは、地域や社会への貢献などを第一の目的に、いわゆる飲食店という枠組みにあまりとらわれずに展開される活動の手法です。飲食店として営業しながら、地域貢献活動をしている場合もありますし、公共施設などを借りてお茶を飲みながら話をする茶話会のようなものまでいろいろあります。

よくある例です。週一回、金曜の夕方から夜にかけて、地域でコミュニティカフェが開かれていました。施設を時間借りして、担当の人が飲み物や食事を用意して、そこにメンバーが集まってきます。週一回だけでしたが、その場が好きで、大切に思う人たちが集まり、とてもいい雰囲気でした。

★コミュニティカフェ
地域の人たちや、何らかのテーマに関心のある人たちなどが、出会い交流する場。店舗を持ち飲食店として営業しながら、地域やテーマに関することにも取り組んでいる場合と、定例の茶話会のような場をそう呼ぶ場合とがある。

ある時、メンバーの一人が、「ここを本当のお店にしたい！」と言い出し、貯金を切り崩して小さな店舗を借りて、カフェを始めました。「これからはいつでも集まれるよ！」ということになり、新しいお店を出すということで、とても盛り上がりました。

開店した最初の一週間は、みんなたびたび足を運びましたが、それぞれに仕事や生活があり、またお金もかかるので、「毎日行く」ということは到底できません。それでも、いままでの週一回よりハイペースでそこに行けるようになりました。

でも、そこを訪れても必ずいるのは「本当のお店にしたい！」と言い出したその人だけ。「○○さんは昨日来たよ」「△△さんは、さっきまでいたんだよ」と、みんな顔は出しているようなのですが、実際には会えません。どうやら、場が薄まってしまったようなのです。そこで、もともと集まりを持っていた金曜の夜に、時間を決めて集まることにしました。

でも、あれ？　これじゃ、わざわざ常設の店舗を構えた意味がありませんよね。

このコミュニティカフェの場合は、ちょっと早すぎたのです。週に一回、金曜の夕方から人が集まりはじめて、みんなでその場をつくるというのが、ちょうどよかったのに、常設化したことで場が薄まってしまいました。

それでは、ちょうどいいタイミングを、どのように計ればいいのでしょうか。例えば、月一回、日曜日に定例の集まりを開いているとします。もう二年間も続いています。帰りがけに、「月に一回だと、ちょっと寂しいね」とか「平日にもあるといいんだけど」などと言われるようになったら、その「月一回、日曜日」という器から、場が飽和しはじめた証拠です。「なんで日曜なの。平日じゃないと出て来づらいんだよ」みたいなクレームのような言葉も、よく聞けば中身は同じです。このタイミングで月二回ペースにして、例えば従来の日曜昼間に加えて週末の夜にも開催したら、きっと喜ばれるでしょう。

このように参加者のニーズを見極めるのは大切なことですが、もう一つ忘れてはならないのは自分自身のニーズです。月一回の場を二年間やってきて、物足りないとか、「もっとこうすればいいのではないか」というアイデアが出てきているとか、そういうのが自分自身のニーズです。そんなときは、参加者としていつも来てくれている人に「実はこんなことを考えているんだけど、どう思う?」と尋ねてみるといいでしょう。参加者という立場だと、枠組みを固定的なものとして捉えていて、ニーズがあっても出てこないことがあるからです。提案を喜んでくれたら、やはり変化を起こしていいと思います。

このように、「常設化」が必要かどうかはよく見極める必要があります。常設化が必要なケースとしては、例えば、「かけこみ寺★」や「シェルター★」のような機能を持つ場です。何か突発的な事態に緊急対応するような場合は、やはり常設化が必須でしょう。また、フリースクール★のような、公教育の学校に代わるような場も、常設化が求められる場合が多いでしょう。言うまでもないことですが、すぐに常設化できなくても、常設化までの筋道をまだ描けなくても、場づくりは始められます。始めることで、前へ進めますし、新しい可能性を導くことができます。

三つのステップで起こる変化

場づくりの三つのステップは、このように「紙の上の場」→「単発の場」→「継

★**かけこみ寺**
困ったことがある時に、助けを求めてとりあえず訪ねられる場所の比喩。

★**シェルター**
DVや児童虐待から逃れた人などが一時的に住める施設。

★**フリースクール**
自由な発想で教育を行う民間組織の学校。子どもの個性を尊重し、適性を見出すことに重点を置く。

続的な場」と展開していきます。やってみて、軌道修正したくなったり、もう一度やり直したくなったら、またいつでも、最初のステップ（紙の上の場）に戻ればいいのです。

最初、紙の上の場に自分の「思い」を書いている状態は、一人きりの状態です。外部への影響力はゼロで、まだその人が抱く思いを周囲の人は知りません。次は思いを直接だれかに話したり、パーソナルレターを発行したり、あるいはSNSなどで発信したりして、周囲に認知を広げていく段階です。

次に単発の場になると、ぐっとリアリティが出てきます。不完全でも実際に場を開き、その場の上に立つという経験をすると、そこからさまざまな生の情報が得られます。また、自分の内側からも「もっとこうしたい」とか「これは重要じゃない、大切なのはもっと別のことだ」というような、たくさんの新しい気づきが得られます。

機が熟し、仲間も見つかり継続的な場ができると、それが週一回程度の開催ペースであったとしても、生活は大きく変わっています。

想像してみてください。ステップ1では、まだ自分のノートに思いを綴って、「やっぱり、これがやりたいのかも……」なんて思っていたのが、ステップ3では、定期的にそのための場があり、あなたはその場を通して、仲間や社会とつながっているのです。でも、実は、変化はこれに留まりません。

「何かが変わった」という実感を得るために

「変わらない毎日なのに、自分のなかでは確かに何かが変わった」

これは、「場づくりクラス」★の受講生Aさんの言葉です。こう言ったときに、この人が何をしていたかというと、パーソナルレターをどんどん発行していました。でも、パーソナルレターを発行しているだけなのに、なぜ「確かに何かが変わった」とまで言うことができるのでしょう。

あとで詳しく説明しますが、場づくりというのは、いつも自分の内側から始まります。そして、内側というのは外からは見えません。パーソナルレターをつくり、それを配布するということを通して、Aさんの内側で変化が起きたのです。

僕自身にも、似たような経験があります。まだ学生だった僕は、パーソナ

★ **場づくりクラス**
場づくりの考え方やノウハウを学べる講座。著者が代表を務めるNPO法人れんげ舎が主催。

ルレターを出しながら、単発の場を不定期に開いていました。それぞれの場の連続性は薄く、場に集まる人も変化していました。傍から見れば、そこには何の蓄積もないように見えます。また僕自身も、「自分はこれだけのことをやりました」と、世の中に示せるものが何もないと感じていました。それと同時に、「確かに自分は前進している」「いま自分はどんどん成長している」と感じていました。提出できる成果はなくとも、実感があったのです。

この実感は、僕を励まし、次の扉を開ける勇気をくれました。理屈で実感をねじ伏せることはできません。

こういう時期は、説明したり証明したりしようとせず、目の前の場に集中することが大切です。どうせ説明したってわかってもらえません。そもそも、わかってもらう必要などないのです。実践あるのみ、ただやるだけです。

そのうちに、内側の目に見えない変化は、場を通して周囲からもくっきりと見えるようになります。くっきりと見えるようになれば、説明など必要ありません。

ゴールを目指して突き進め！　こんなメッセージがあふれる世の中です。そうした考え方は、一つのプロジェクトを達成するためには有効でしょう。

でも、場づくりに完成や終わりはありません。継続的な場を開いてからが、本当のスタートです。場を鍛え、エネルギーあふれる場にしていくためには、相応の手法も必要になります。

3 組織を立ち上げるには

複数のメンバーで場づくりをするなら、組織について基本的なことを知っておく必要があります。第三章では「組織の立ち上げ方」について紹介し、第四章では組織運営の肝である「会議のやり方」について紹介します。この二つは「場づくりOS」とも言うべき、場づくりの手法の根幹です。

OSとは、コンピュータ上でさまざまなアプリケーションを実行するための基本ソフトのこと。あなたがどんな場をつくる場合でも、その根幹に優れた場づくりOSがあれば、場づくりをよりよいものにしていくことができます。

組織とは何か

一人で主催していた場の参加者が、「いっしょにやりたい」と言ってくれたらどうしますか。また、複数の人が集まって、みんなで場をつくろうということになったらどうすればいいのでしょう。

目的を共有した複数の人々が共に活動していくためには、「組織」が必要です。気心が知れたメンバーでも新しく集まったメンバーでも、また人数が多くても少なくても、組織が必要になります。

組織という言葉には堅苦しいイメージがあるかもしれませんが、それはやり方次第。堅苦しい組織をつくることもできますし、自由でのびのびとした組織をつくることもできます。

まずは、次のページのイラストをご覧ください。このイラストは、個人と組織の関係を表しています。上側では、人がそれぞれ意見を述べています。下側では、複数の人が組織としてまとまり、組織としての意見を述べています。上側の人たちは、集まってはいるけれど、統一された意見を持っていません。それに対して、下側の人たちは、(下側の人たちにも一人ひとり異なる意見があるのですが)組織としての意見を持っています。

組織であるためには、組織の構成員に目的が共有されていて、組織としての意志決定ができる必要があります。上側は人が群れになっているだけで、組織化されていません。下側は組織です。

人の群れと組織の違い

実行委員会形式から学ぼう

「組織をつくる」と言っても、多くの人には自分と縁遠く聞こえるでしょう。自分で組織を立ち上げるといっても、何から手を付ければいいのか、どういうことに注意すればいいのか、わからないと思います。

そこでこの章では、「組織をつくる」ということを学んでいただくために、「実行委員会形式」を取り上げます。実行委員会というのは、単発の場を開催するために期間限定で結成される主催者組織のことです。イベントなどのポスターに「主催／〇〇〇実行委員会」などと記されているのを見たことがあると思います。

期間限定で結成されるといっても、「組織の立ち上げ」の部分は継続的な組織と同じですし、場の始めから終わりまでの運営を把握しやすいため、組織づくりについて理解するには、実行委員会形式が一番です。実行委員会をつくってイベントを開催したい人も、特にそういうやり方で場づくりに取り組む気持ちのない人も、どちらの人にも必要なことが学べます。

実行委員会形式の手順

実行委員会をつくって、単発の場を主催するには、次のような手順で取り組みます。

1. 個人的に計画を練る（提案レジュメを書いてみる）
2. 絶対に加わってほしい人にお願いする
3. 準備会を呼びかける
4. 準備会を開催する
5. 実行委員会を結成する
6. 準備を進める
7. 当日体制を決める
8. 単発の場を開催する（本番）
9. 感想会を開催する
10. 総括会議を開催する
11. 実行委員会を解散する

（1〜5）⟷ **組織の立ち上げ**

（6〜8）⟷ **準備から本番へ**

（9〜11）⟷ **振り返り**

1～5までが、「組織の立ち上げ」にあたる部分です。ここはさまざまな場に応用できる重要な部分で、この章で詳しく解説していきます。6～8は、実際の「準備と本番」です。これは場の内容によってそれぞれ異なります。9～11の「振り返り」も、さまざまな場に応用できる部分です。具体的なやり方については、第五章で紹介しています。

1. 個人的に計画を練る（提案レジュメを書いてみる）

「自分発」の動きをつくるとき、あなたが一番尊重しなければならないのは、自分自身の内側にあるやりたい気持ちと、「やりたいこと」です。この段階で、こんなこと無理かなとか、もう少しウケのいい内容の方がいいかなとか、まだそういうことは考えないでください。そういうことには、もっと後で対処します。

やりたいことは、「提案レジュメ」にまとめます。イベントなど、何らかの単発の場を企画する場合、次の項目を盛り込んでおく必要があります。

①名称（場やイベントの名称。仮称も可）
②目的（何のために開催するのか）
③企画概要（日時・会場・おおまかな内容など）
④組織体制（役割分担など）
⑤当日までのカレンダー（重要な締め切り日など）

いかがでしょうか。さらさらと書けそうですか。それとも、細部まで書くのは大変そうですか。

提案レジュメには、これらの要素を漏れなく盛り込む必要があるのですが、細部まで書かれていなくても構いません。場合によっては、項目だけで内容は空欄ということでも大丈夫です。

これらは、単発の場を成り立たせるために、なくてはならない要素です。しかし、提案の段階ですべてを考えておかなくても、みんなで相談しながら考えていくことができます。ただ項目そのものが書き込まれていないと全貌をイメージしにくいので、内容が書けなくても項目だけは示します。この段階では下書きくらいのつもりで、できるできないにあまり捉われず、気軽に書いてみてください。

2. 絶対に加わってほしい人にお願いする

これからつくる実行委員会に、どんな人たちに入ってほしいと思いますか。小さな規模でやりたい、大勢の人を集めてやりたい、さまざまだと思います。どちらの場合でも、力のある場をつくるコツは、コンパクトで親密な場をつくって、それを広げていくことです。

まず始めに、あなたが「この人には必ず入ってほしい」「ぜひともこの人といっしょにやりたい」と思える人がだれなのか、考えてみてください。数名いても構いません。「この人といっしょに考えたら、もっとやりたいことが明確になるかもしれない」と思えるような人を選びます。いきなり反対しそうな人はダメですよ。

人選が済んだら、個別に連絡を取って、会う機会をつくりましょう。喫茶店でもどこでもいいので、あなたがつくった提案レジュメの下書きを相手の分もコピーして持参し、それを見せながら「こういうことがやりたいから、いっしょにやらない？」と伝えます。そして、準備会の候補日時（つまり確実にその人が出席できる日時）をいくつか挙げてもらいます。仮に対象者が三名なら、これを三回やってください。対象者同士が親しい場合は、いっしょに話してもいいですね。

ここで話したことで、持参した提案レジュメに盛り込みたいことが出てくるかもしれません。そういう場合はアップデートして、正式な提案レジュメとして仕上げます。

3．準備会を呼びかける

全員の都合がいい日時と場所を選び、「準備会」を設定します。準備会とは、実行委員会を結成する前段階として開く会のこと。目的は、メンバーを募り、実行委員会を正式に発足させることです。

僕には、呼ばれてなんだかわからないまま行ってみたら「実はきょうは〇〇〇の第一回実行委員会です。みなさんには、その実行委員をお願いします！」みたいな経験があります。「もっと普通に誘ってくれればいいのに……」と思いました。よく「いろいろな人を巻き込んで」などと言いますが、実行委員会のなかを「巻き込む側」と「巻き込まれる側」に分ける必要はありません。当然ですが、いきなり巻き込まれて迷惑に感じる人だっています。準備会の開催は、こうした「巻き込む側／巻き込まれる側」という壁をつくらずに、対等な仲間としてスタートを切るための手段です。

準備会の告知には、開催する単発の場の目的や内容について簡単に触れて、日時や場所、出欠の連絡方法などを盛り込みます。印刷して配布したり、メールなどで告知をします。

4. 準備会を開催する

いよいよ準備会を開催します。準備会というのは、「こういうことをやりたいから、いっしょにやってください」とお願いをする会です。準備会には、

「実行委員会に参加したい人／参加するかどうか迷っている人／参加はできないけど協力したい人／ちょっと興味がある人」などが集まります。つまり、準備会参加者全員が、そのまま実行委員になるとは限りません。規模や集まった人たちとの関係性によって、いろいろな進め方がありますが、必ず必要な要素は、次の三つです。

①イベント（プロジェクト）の目的と概要
②実行委員会の説明
③参加のお願い

「①イベント（プロジェクト）の目的と概要」は、提案レジュメを使って説明します。あなたがみんなとやりたいと思っていることを、しっかりと伝えます。「②実行委員会の説明」は、実行委員会とはそもそも何なのか、実行委員になるというのは、どういうことなのかを説明します。説明の方法は、この章を読み終えると一通り理解できますので、いまは「準備会では実行委員会そのものについての説明が必要」という理解で構いません。

そして「③参加のお願い」ですが、準備会そのものが「実行委員になってください」という呼びかけの会ですので、おしまいにしっかりお願いをします。

準備会のスケジュールの一例を示しておきますので、参考にしてください。

①開会の宣言
②挨拶（準備会開催に至る経緯など）
③準備会のスケジュール（今日やることについて）
④イベント（プロジェクト）の目的と概要
⑤プロジェクトの組織体制（実行委員会内の役割について）
⑥プロジェクトのスケジュール（当日までのカレンダーについて）
⑦実行委員会の説明と参加のお願い
⑧質疑
⑨閉会の宣言

◎体制図をつくろう

組織体制というのは、準備期間の役割分担のことです。どんな役割が必要なのかを話しているときに、準備期間における役割（広報や会場予約など）と本番の役割分担（本番での司会、会場設営、受付など）を区別せずに話して混乱することがあります。準備を進めていくときに必要な役割の話だと確認してから、話し合うといいでしょう。

実行委員会組織内での役割分担とともに、さまざまな意志決定をだれがするのかは、体制図にまとめるとわかりやすくなります。

役割分担が箇条書きされただけだと、組織全体のなかでどこに位置しているのかがわかりにくくなりますが、体制図があると一目瞭然です。その役割を担うのが一人なら「担当者」、複数なら「担当チーム」となります。担当範囲に関する意志決定が、それぞれ担当者と担当チームに一任されている場合、担当者ならその人が決めることになりますし、担当チームならチーム会議を開いて、会議の場で決めることになります（意志決定システムは、権限のある人が決める「トップダウン型」と、合議制の「フラット型」があるのですが、これは次章で詳しく解説します）。

担当をチーム化することのメリットは、一人で担いきれないまとまった役割を、複数の人で協力して担えることです。しかし、デメリットもあります。一人より複数名の（担当チームの）方が心強いからとチーム化してしまうと、話を進めるためにチームで集まる必要があり、かえって効率が下がる場合があります。一人で担える役割なのか、それとも複数人でないと担えないような役割なのかを見極めましょう。

また、準備が進んでいくなかで、新しい役割が必要になり、新たに担当を設けることもよくあることです。動きながら調整していきますが、その際には体制図をアップデートして、全員で共有するようにしてください。

役職名やその役割などは、決まりがあるわけではなく、自由に設定することができます。よくある例ということで、次のページで体制図と、それに基づいた各会議の位置づけと各係の役割を示しておきます。実際に体制を考えるときの参考にしてください。

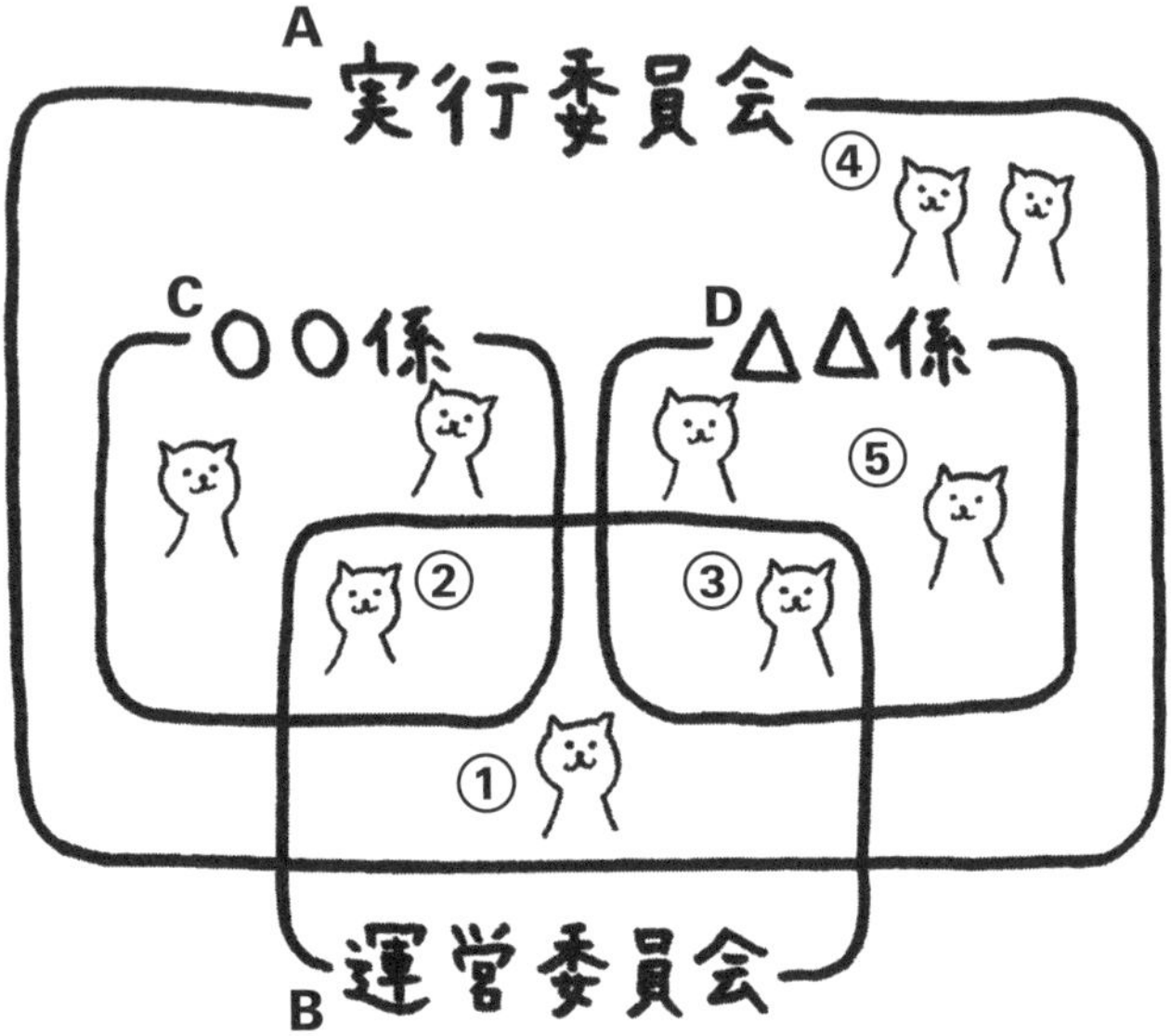

＜会議＞

A…実行委員会

B…運営委員会

C…〇〇係会議

D…△△係会議

＜役割（担当者）＞

①…実行委員長

②…〇〇係長 兼 副実行委員長

③…△△係長

④…会計担当

⑤…広報担当

※担当がある人もない人も全員が実行委員

体制図の例

各会議の位置づけ

実行委員会	最高決議機関。実行委員全員で構成される。会の名称であり、会議の名称でもある。
運営委員会	全体把握を行う調整機関。実行委員長と各係長で構成される。実行委員会を招集する。
○○係会議	○○係員によって構成される会議。○○係の担当範囲についての意志決定を行う。
△△係会議	△△係員によって構成される会議。△△係の担当範囲についての意志決定を行う。

各役割の説明

実行委員長	会の対外的な代表責任者。全体把握を行い、運営委員会を招集する。
副実行委員長	実行委員長が役割を担えなくなった場合に交代する。ここでは○○係長が兼務している。
○○係長	○○係の担当範囲全体を把握し、○○係会議を招集する。運営委員会に出席する。
△△係長	△△係の担当範囲全体を把握し、△△係会議を招集する。運営委員会に出席する。
会計担当	全体の会計を担当する。現金の管理も行う。
広報担当	プロジェクトの広報を担当する。ここでは△△係員のなかの1名が兼務している。

◎「担当する」とは責任を負うこと

担当者や担当チームについて書きましたが、そもそも何かの役割を「担当する」とはどういうことでしょうか。この意味はよく誤解されています。

例えば、あなたが「広報担当者」だったとします。フライヤーの原稿をつくって、印刷をし、それを封筒につめて送る計画です。あなたはこの作業をすべて一人でやりますか。もちろん一人でやってもいいのですが、大変ですよね。印刷までは一人でやっても、封筒につめるのは大勢でやった方がよさそうです。

「担当する」というのは、すべてをその人がやるという意味ではなく、その役割がきちんと遂行されるよう責任を持って管理するという意味です。フライヤーにイラストを載せるなら、イラストが上手な人に描いてもらう必要があります。担当者は、イラストを描く責任を負っているのではなく、期日までに必要なクオリティのイラストを入手する責任を負っています。また、封筒につめる作業を一人で担うのが大変なら、「事前に封筒につめる作業日を決めて、最低四人に集まってもらう」など計画を立てます。そして、それができるように場所を押さえたり、必要な道具を揃えたり、他のメンバーに声をかけたりします。そして、期日までに作業を終わらせることに責任を負っています。これが「担当する」ということの意味合いです。

これがわかると、例えば「どうしても期日までにフライヤーを完成させられない」という事態になったときに、正しい選択ができます。この場合の正しい選択は、「自分だけでは担いきれなくなった」ということを全体化して、助けを求めることです。そうすれば、プロジェクト全体を危険にさらすことを避けられますし、期日を守れる可能性が高くなります。間違った選択は、「無理だけど、ぎりぎりまで自分の力でがんばろう」とすることです。必要なのは努力や気持ちではなく、成果に対して責任を持つことです。

◎担当の範囲を明確にするには

組織体制を決めるときには、ざっくりと役割で決めて動き出す場合が多いと思います。部分的に示すと、

・実行委員長（Aさん）
・広報（Bさん）

・会計（Cさん）

と、こんな感じです。これだけで、Bさんが広報担当者だということがわかります。ただ、広報といっても捉え方はさまざまです。企業の広報部にいた人と、地域密着の市民活動をしていた人では広報という言葉からイメージする役割の内容に違いがあるでしょう。役割が増えれば増えるほど、具体的な一つのタスクがだれの担当なのか、線引きが難しくなります。

そこでおすすめしたいのが、ざっくりと役割分担を決めたら、その後で、各担当から自分の役割範囲について、提案（または確認）してもらうことです。例えば広報の担当者になったら、その目的と、実際の担当範囲をはっきりと示します。

目的は、例えば「イベントの認知向上と集客」とします。実際にやることは、①フライヤーの作成（デザインから印刷まで）、②フライヤーの配布（配布や発送作業は全員で手分けして行う）、③知り合いへの声かけ（だれがだれに声をかけたのか、結果はどうだったのかを管理する）、④地域メディアにプレスリリースを送る（新聞の地域版や地域情報サイトに告知掲載をお願いする）とします。こうして数字を振って役割を列挙していくと、自分もまわりも広報担当者は何をする人なのかがわかります。全員がすべてのことを把握する必要はありませんが、それぞれの担当範囲が共有されていないと、連携が難しくなります。

記述の詳しさは、活動の状況に応じて加減します。担当チームで動く場合には、チーム内の役割分担も必要です。日程の管理をしっかりする必要があるなら、詳細な締め切りカレンダーも必要です。

◎「実行委員」と「協力者」の違い

実行委員会形式で何らかの場をつくるときには、実行委員以外にも、さまざまな立場の人がいます。例えば、実行委員は荷が重いけれど、「何か手伝えることは手伝うよ！」という人もいるでしょう。このような立場の人を、ここでは「協力者」と呼びましょう。

さて、実行委員と協力者の違いは何でしょうか。実行委員は実行委員会において意志決定に関わりますが、協力者は意志決定には関わりません。実行委員は主催者ですが、協力者は主催者ではありません。そんなに明確に分けなくてはならないのだろうかと思う人もいるでしょうが、結論から言うと、この線引きは明確でなくてはなりません。

大切なポイントですから、しっかり補足説明したいと思います。

次のページの図をご覧ください。

この図は、一つの組織が活動するときに、そこに関わる人々を同心円状に簡略化して整理したものです。実行委員会の境界線だけ太い線で示しました。これが主催者としての組織の内と外を隔てています。この円の内側が実行委員会です。

実行委員であるということは、最高決議機関の会議のメンバーとして、意志決定に関わることを意味しています。何かを決めるということは、決めたことによって招かれる結果に責任を持つということです。

5．実行委員会を発足させる

さて、準備会が終わったら、いよいよ実行委員会の発足です。いよいよ組織を立ち上げるわけです。まず始めに、準備会から実行委員会へのシフトの

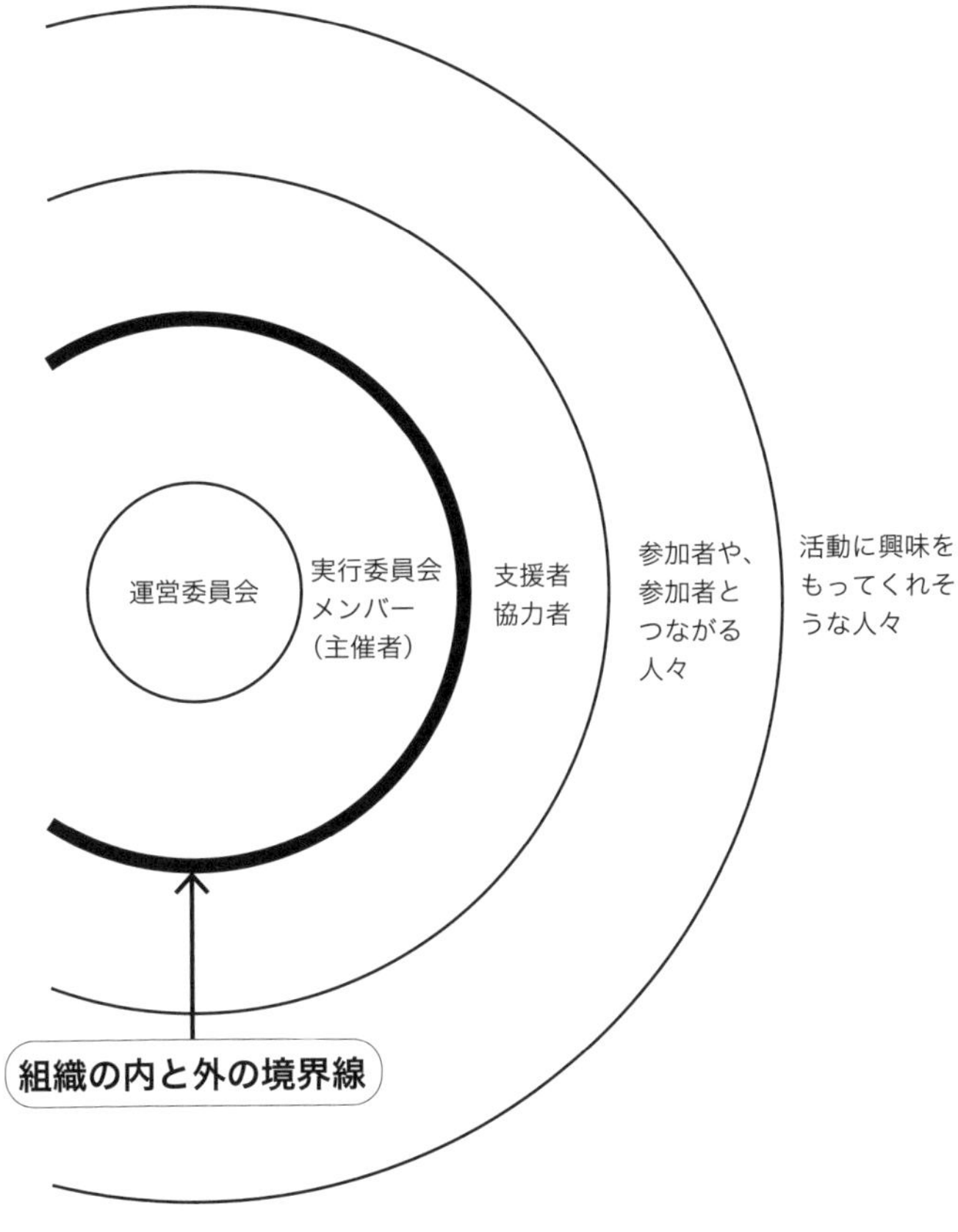

だれが主催者なのかはっきりさせる

仕方を説明しましょう。大きく二つのパターンがあります。

準備会を終わらせて散会し、別の日に改めて集まるパターン。そして準備会を終わらせて、ちょっとだけ休憩をして、そのまま実行委員会にシフトするパターンです。

前者のパターンは、組織の規模が大きい場合、例えばさまざまな組織の代表者によって構成される大規模な実行委員会などに、よく見られます。規模が大きく、実行委員になる人が、所属組織に持ち帰らないと判断ができないような場合は、同じ日に実行委員会にシフトするのは不可能です。また、準備会が複数回開かれることもあります。それに対して、後者は、比較的小規模な組織におすすめのパターンです。これなら、改めて集まってもらわずに、一日で済ますことができますから、集まる負担を軽減できます。

「それでは、◯◯準備会を終わります。ちょっと休憩を取りますので、実行委員として関わってくださる方は、このまま残ってください。実行委員は難しいけど手伝ってもいいよ、という方は、お帰りになる前にお声かけください。今日はありがとうございました！」

……と、こんな感じで、準備会を終わらせます。そして休憩を挟んで、そのまま第一回の実行委員会を始めます。

実行委員会の流れ（スケジュール）は、準備会とほぼ同じです。プロジェクトの目的や概要、組織体制などを確認し、担当決めなどを行います。

これまでに何度か「提案」という言葉が出てきました。提案というのは、「こうしたいと思うんだけど、どうですか」と尋ねることです。尋ねられた以上、「それでいいよ」とか「ちょっと違うのでは」と意見が出てきます。どうやって意見をまとめるのだろうと疑問に思う人もいるでしょう。こうした意見を交わして意志決定するまでのプロセスは、次章の「会議のやり方」で述べていきます。ここでは、こういう順番で進めていくんだな、と段取りが理解できれば十分です。

6. 準備を進める

実行委員会で決めた組織体制がありますが、準備が進むなかで、必要があれば新しい役割を設置し、組織体制を調整します。準備期間は、意志決定や情報共有のための会議を開いたり、作業をしたりすることになります。これは企画内容によって大きく異なりますので、一概にこういうものとは言えません。ただ、スケジュール管理はとても大切です。

7．当日体制を決める

本番当日が近づいたら、「当日体制」を決めます。前述の「組織体制」というのは、準備期間の役割分担です。当日は当日で、まったく別の役割分担が必要です。一般のお客さんを呼ぶような場なら、受付とか、会場の椅子並べ（会場設営）などが必要になります。会の司会なども当日の役割です。

8．単発の場を開催する（本番）

いよいよ本番当日です。当日できることは、非常に限られています。よいよい準備期間が過ごせれば、よい当日を迎えられます（準備期間がうまくいっていなければ、当日がんばってもどうにもなりません）。準備でやれることをやったら、残るは一人ひとりのコンディションです。前日は早めに眠って、身心共に整えて臨みましょう。

9．感想会を開催する

単発の場の当日が終わったら、振り返りをします。振り返りの方法については第五章の冒頭にまとめていますが、当日、あるいは時間が経たないうちにお互いの感想を出し合う「感想会」を開くのが大切です。感想会のやり方は、第五章の冒頭にまとめてあります。

10．総括会議を開催する

総括会議というのは、①当初やろうとしたこと、②実際にやったこと（結果）、③その評価をまとめていく会議です。感想会でやりとりした気持ちの部分には距離を置いて、客観的になり、冷静に振り返ります。「次回」がある取り組みの場合には、改善点なども話し合います。これも具体的なやり方は第五章の冒頭を参照してください。

11．実行委員会を解散する

総括が終わったら、実行委員会としての取り組みはすべておしまいです。実行委員会は期間限定の組織ですから、解散します。継続的な組織の場合には、解散するのではなく、次回に向けて動き出すことになります。

場づくりと「自治」の深いつながり

ここまで、実行委員会形式による組織運営（主に立ち上げの部分）を見てきました。このような方法を取ることで、複数の人が集まって、自分たちの目的のために活動を始めることができます。

スポーツクラブのように、同じ目的（運動をする）のために複数の人が集まる場があります。会員になって料金を支払えばサービスを受けられます。これは「消費」です。その場を使うことはできますが、自分たちの力でよりよいものに変えたり、ルールを変更したりすることはできません。

一方で、実行委員会形式のような場合は、すべてを自分たちで決めることができます。会費を集めて活動することもできますが、会費の使い道、金額、集め方からその管理方法まで、すべてを自分たちで決定できます。そういう意味では、スポーツクラブの会費を「支払う」と言うのに対し、自分たちの活動のための会費は「集める」と言います。主体が違うのです。

自分たちの目的のために、自分たちで意志決定をし、自分たちで活動していくことを「自治」と言います。実行委員会形式を例に示した活動は自治活動であり、スポーツクラブのような消費行動ではありません。

場づくりと自治には、深いつながりがあります。

一般市民にもっとも身近な自治組織に、町内会・自治会とPTAがあります。しかし、これらの多くは自治的に運営されていません。前提である入退会の自由が認められていなかったり、ルールを決めるための話し合いの場がないか、あっても一部の人の意志だけで決定されていたりして、これでは自治組織とは呼べません。

また、「実行委員会」と名の付く組織なら、必ず自治的な組織かというと、そうとも限りません。近年は市民協働★の推進という観点から、行政が市民とつくるイベントの実行委員会や、さまざまな計画のための委員会を設置しています。しかし、意志決定を行うことができない「ただ意見を述べ合う場」であったり、扱う内容の量に対して委員会の開催時間が極端に少なく、結果的に行政職員が用意した内容を追認せざるを得ないようなケースもあります。これは「行政が悪い」というような単純な話ではありません。行政側にも一般市民の側にも、自治的につながり合う組織で活動する経験やイメージがないのです。学校の教育現場では、校内行事の「実行委員会」や「児童会・

★市民協働

公共の利益のために、行政、NPO、企業などの多様な主体が、対等な立場で活動するというコンセプト。実際に〝対等な立場〟を成立させるのは難しく、NPOが行政の下請け的な位置づけになることも多い。自治体ごとに微妙に定義が異なる。

生徒会」などが自治活動にあたりますが、大人のコントロールが強すぎるために、子どもたちが自治を学ぶ機会として十分に機能していません。日本では、学校教育や市民生活のなかに、自治を学び経験を積む機会がほとんどないのです。

自分たちで場をつくり出して活動することができないと、すでにあるものから選ぶしかなくなります。そして、多くの物事には、お金を出して買う（消費する）という形でしか関われなくなります。裏を返せば、自治的に場をつくり出すことができれば、お金では買えない価値を自分たちの力で創造することができるのです。場づくりOSは「自治OS」でもあるのです。

「組織」という手段を取り戻そう

あなたは、「組織」という言葉に、どんな印象を持っていますか。どこか堅苦しい印象や古めかしい印象があるかもしれませんね。ある日、場づくりのセミナー会場にいる約一〇〇名の来場者に「組織と聞くと、ポジティブなイメージですか。それともネガティブなイメージですか」と尋ねたところ、なんと九割以上の方が「ネガティブ」と答えました。僕は自分たちで組織をつくったことで、人生でよいことがたくさんありました。組織のイメージはもちろんポジティブ！　だから、この結果には愕然としました。

組織というのは、一人ひとりが共通する目的のために力を合わせて活動する共同体です。落ち着いて考えれば、ポジティブもネガティブもないのですが、ネガティブなイメージを持つ人が多いのは、組織がつくり出した場で嫌な思いをした人が、それだけ多いということでしょう。「組織アレルギー」などという言葉もありますよね。前節で述べた通り、自治のない組織は、人を不自由にしてしまいます。組織アレルギーが発生する所以です。

とても残念な状況ではありますが、だからこそ、組織という手段を、一人ひとりの手に取り戻す意義があります。組織という言葉は、手垢にまみれてしまっています。本書ではそのイメージをきれいに磨き上げて、本来の輝きを取り戻させ、みなさんが活用できるようにしたいと思います。

「主催者」と「参加者」の違い

最後に一点だけ補足をして、組織づくりに関する話を終えましょう。それは、「主催者」と「参加者」の区別の仕方です。

その場が食事会なら、会を催し食事を準備したりするのが主催者で、招かれて食事を楽しむのが参加者です。これは簡単ですね。では、一品持ち寄りの食事会があったとしたら、その主催者と参加者は、どう区別できると思いますか。めいめいがお手製の一品料理を持ち寄って集まり、それぞれが何を持ってきたのかを紹介し合ったりして、食事会が始まります。さて、主催者はだれなのでしょうか。

この場合、二つのケースが考えられます。一つ目は、全員が主催者だというケースです。自主的な集まりで、全員が主催者で、全員で役割を分担している形です。一般的な意味での「お客様」にあたるような存在はいなくて、「主催者＝参加者」というケースです。二つ目は、やはり主催者と、参加者がいる場合です。料理そのものは全員で一品を持ち寄る形でも、会そのものは、一部の人が主催しているという場合です。

前述の通り、実行委員会というのは主催者組織ですから、参加者は含まれていません。参加者ではなく主催者の話だとして理解してください。

場づくりOSは、場全体を底上げし支えることができますが、それは主催者を通してです。もしそこに問題が出てきたら、「社会」や「参加者」の問題ではなく、「主催者」の問題として捉えます。そしてそれは実際に、主催者の問題なのです。自分たちの問題であれば、対処することができます。

組織づくりは、主催者づくりです。主催者のつながりが豊かになると、参加者のつながりも豊かになります。その逆はありません。

それでは、どうすれば主催者同士のつながりをよりよいものにしていけるのか。その肝にあたるのが、次章で紹介する「会議のやり方」です。

4 会議のやり方

場づくりOSの根幹となるのが、組織としての意志決定の方法です。三章の冒頭でも示した通り、人は一人ひとり異なる個人としての意見をもっています。これが大前提です。しかし、組織として活動するためには、組織としての意見を持たなければなりません。それでは、複数の人がいる組織で、どのように意志決定をすればいいのでしょうか。

組織としての意志決定の方法は、大きく分けて二つあります。トップダウン型とフラット型です。自分の属する組織（会社、NPO、サークル、団体など）がどちらの意志決定システムを採用しているのか、正しく理解していますか。

トップダウン型の意志決定

トップダウン型では、トップの人物が意志決定を行います。上から下への矢印に「指示・命令」とあるように、決定事項が上から下に伝わります。トップダウンという言葉から、上から下への矢印が注目されがちですが、実際には下から上への矢印「報告」も不可欠な要素です。それぞれの担当者が、「い

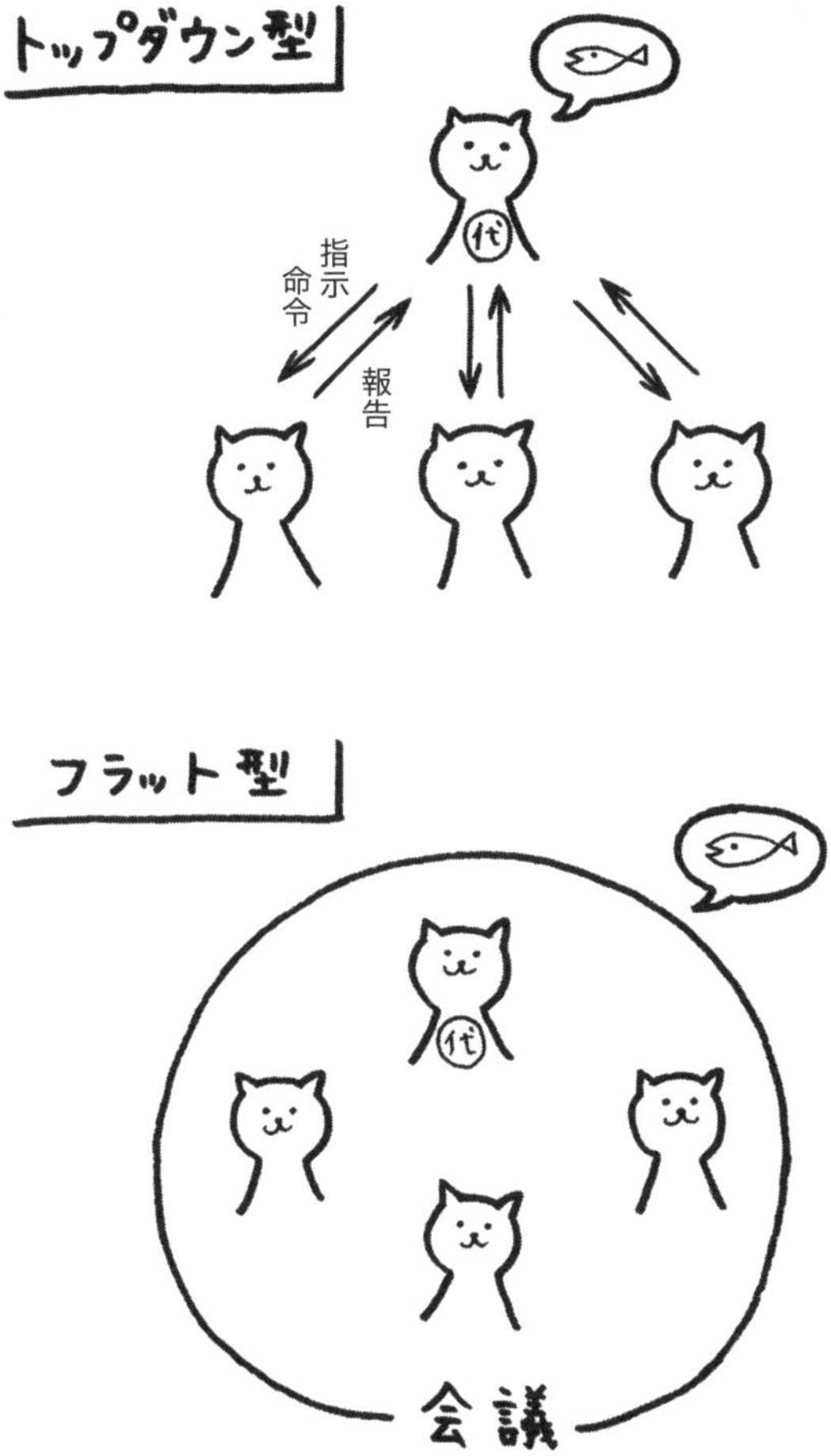

トップダウン型とフラット型の違い

ま自分の担当はこうなっています」と意志決定に必要な情報を報告します。

トップの人は偉いから意志決定ができるのではなく、組織全体の情報を集約して知っているから、意志決定ができるのです。上から下、下から上への二つの情報の流れが、トップダウン型の組織を支えています。トップとは地位ではなく役割です。

「いや、トップは地位でしょう」と思う人も多いでしょう。それは、日本企業のほとんどがトップダウン型の意志決定システムを採用しているためです。

企業においてトップにいる人は、同じ職場の人から見れば、「自分の人事権を持った上司」です。トップという立場そのものは、地位ではなく役割なのですが、その役割を担う人は、企業においては同時に地位の高い人である場合がほとんどです。「その役割、代わってくれない？」とお願いするわけにもいきません。そのため、トップ＝偉い人という認識が生まれるわけですが、本質は地位ではなく一つの役割に過ぎません。

フラット型の意志決定

フラット型の組織では、意志決定を行うのは人でなく会議体です。会議を開いて意志決定を行います。メンバーは、議決に対して一人一票の平等な権利を持ち、等しく責任を負っています。意志決定に必要な情報は、全員で共有されています。

フラットというのは雰囲気の問題ではなく、メンバー一人ひとりの持つ権利が同じ、という意味です。フラット型組織で一番わかりにくいのは、代表者です。代表者はトップなんだから、トップ次第で決めていいように思えるかもしれませんが、それは間違いです。トップの考えで決めていいのは、トップダウン型組織です。

それでは、フラット型組織の代表者とは何なのでしょうか。それは「対外的な代表者」です。例えば何かの契約をするときに、署名捺印します。公共施設を利用する際にも、代表者氏名の記入欄があります。

「代表者？　うちはね、フラットなんですよ。一人ひとりが代表者です」なんて言って、全員の名前を書かれたら、相手もびっくりです。組織の代表者がいないと、社会とのかかわりがとても難しくなります。フラット型組織の代表者というのは、内部では他の人と平等の権利しかなく、対外的には代表者として名前を出しているという状態にあるわけです。

意志決定システムは明確にする

トップダウン型とフラット型、どちらの意志決定システムが優れているのでしょうか。結論から言うと、ケースバイケースです。

「素早い意志決定が求められる場合、トップダウンの方が優れている」という考え方がありますが、そうとも言い切れませんか。会議が不要なわけですから、手続き上は「素早く」できそうですが、「素早い意志決定ができるトップ」がいないと機能しません。トップダウン型の組織は、トップの力量がとてつもなく重要です。

フラット型の組織でも、工夫次第でスピードアップは可能です。例えば、新聞社が取材を申し込んできたとします。「明日までにインタビューさせてほしい」という依頼なのに、「すみません、会議は五日後なので、それまで待ってください」なんて対応をしていたら、せっかくの新聞に出る機会を逃してしまいます。そういう場合、事前に「取材対応はAさんに一任する」と会議で決めておきます。そうすれば、取材依頼があった時点で、担当のAさんに連絡し、Aさんがその場で即決することができます。

また、トップダウン型組織には情報格差があり、決定が他人（トップ）任せになることで、メンバーのモチベーションが低下する可能性があります。フラット型組織では、情報の共有が前提になっており、会議で意志決定をするため、合意形成がうまくいけば一体感のある組織をつくりやすくなります。

このように、トップダウン型とフラット型では、一概にどちらの方がいいとは言えません。よくないのは、どちらの型なのかが不明確な場合です。

ここが不明確だと、フラット型の組織なのに、会議で煮詰まると、「こういうときは、代表のあなたにびしっと決めてもらわないと困る」などと言う人が出てきたりします。もちろん、これは誤りです。びしっと決めないといけないのは、まさにそのご本人……ということになります。

逆に、フラット型組織の代表者なのに、勝手にどこかで話をまとめてきてしまったり、会議で決めたことを変えてしまうケースも見られます。フラット型組織で意志決定ができるのは、会議か会議によって一任された責任者だけですから、これも誤りです。

意志決定システムを組み合わせる

トップダウン型の組織のなかに、フラット型の組織が組み込まれていたり、その逆の場合があったりします。

普段はすべての部門がトップダウン型で意志決定をしているけれども、ある横断的なプロジェクトについては、普段の役職から離れたフラット型の意志決定システムを採用するというような場合があります。また、日常的にはフラット型でやっているけれども、あるイベントについてはトップダウン型でやるというような場合もあります。一つのイベントを運営する場合でも、フラット型の実行委員会で準備をしつつ、本番は実行委員長をトップにしたトップダウン型にシフトするというパターンもあります。イベント当日には、集まって話し合う時間が取りにくいので、合理的です。

二つの会議のあり方

トップダウン型組織の会議は、原則として意志決定の場ではありません。その場で意志決定がなされることもありますが、それは「話し合って決めた」のではなく、話し合った情報をもとに、その場でトップが意志決定をしたのです。また、単に情報共有をする場であったり、参考意見（トップが意志決定をするために参考となる意見）を出し合う場である場合もあります。

「自分の意見が通らない」とストレスを感じる場合もあるかと思いますが、トップダウン型組織では、「自分が意志決定に関与する立場ではない」というだけのこと。相手は、こちらの意見を参考にしているだけですから、気にしても仕方がありません。参考意見を出すということは、アンケートに答えるようなものなのです。

一方、フラット型組織の会議は、組織の生命線です。トップダウン型でトップの力量が重要なように、フラット型では会議体の力量、つまり会議の良し悪しが組織や活動の良し悪しに直結します。

会議がうまくいっていないのに、活動の場がうまくいくということはありません。もしうまくいっているように見えても、会議の場と活動の場は深くつながっていますので、しばらくすると必ず影響が出てきます。不吉な占いみたいになってしまいましたが、これはつまり、よい会議をすることで、活動全体を活性化させることができるということです。テコの原理で力点・作用点というのがありますが、力点にあたるのが「会議の場」になります。会議によって、活動全体を持ち上げるのです。

会議の基本をおさえよう

世の中にはさまざまな「会議の技法」があふれています。

立ってやる会議、決めない会議、ネットでやる会議、早朝会議、ファシリテーションを活用した会議など、ありとあらゆる「会議のやり方」が紹介されています。いまから紹介するやり方は、フラット型組織における会議のやり方です。と同時に、これが会議というものの基本中の基本となります。複数の人が話し合いによって意志決定をするという、会議の本質的な部分です。これを理解し体得できると、トップダウン型の会議の意味合いも理解できますし、さまざまな会議の技法を取り入れやすくなります。

意志決定の五つのステップ

会議では話し合いによって、意志決定を行います。日常会話のなかでも、何かを決めることがありますが、会議でのやりとりには一定の作法があります。礼儀作法というよりは、納得して意志決定するための技術のようなものです。日常会話との違いに注意しながら、会議ならではのポイントを押さえていきましょう。

次ページの図は、会議での意志決定プロセス、つまり、みんなで納得して意志決定するための段取りを示したものです。決定までの段取りを、各ス

①提案

↓

②質問

↓

③意見

↓

④修正

↓

⑤承認

意志決定までの5ステップ

テップごとに確認しておきましょう。

ステップ1
提案——何のために何をしたいのか、その目的と方法を全員で共有する

提案という言葉は、普段も使われますよね。会議の意志決定プロセスにおける提案の意味合いというのは、「何のために何をしたいのか、その目的と方法を全員で共有する」ことです。

提案する際には、口頭で済ませず、提案レジュメにまとめます。理由は、伝わる力が格段に高くなり、全員での共有レベルが上がるからです。

提案というのは「目的」と「方法」と二つのパートから成り立っています。提案レジュメでも、目的と方法を分けて書きます（次ページに参考例をあげるので、参照してください）。

提案レジュメは全員分をコピーし、提案者はそれを読み上げます。まわりの人は、黙って聞きます。だれかの提案を聞いていると、わからないことが

新メンバー歓迎会開催の提案

○○会議　○○年○○月○○日　提案者：○○○○
↑会議の名称　↑会議の開催日　↑提案する人の氏名

この３ヶ月間に、新しいメンバーが複数名加わった。日常業務に追われて、親睦を深める機会がないので、改めて「歓迎会」を開催したい。

（目的）

1．新加入メンバーをみんなで歓迎し、親睦を深める。
2．前からいるメンバーのことを知ってもらう。

（内容）

1．日時と会場

日時：○○年○○月の中旬　業務終了後（18時半〜22時）
会場：未定（貸切の個室がある居酒屋か、事務所を想定）

2．当日の内容とスケジュール

①みんなで食事しながら交流する時間、②前からいるメンバーを改めて紹介する時間、③歓迎の気持ちを表すセレモニー、の３つの要素で構成する。新しいメンバーは自己紹介の機会が多かったが、前からいたメンバーはゆっくり自己紹介する機会がなかった。そこで、前からいるメンバーの紹介を趣向を凝らして楽しく行う。
また、お酒を飲まないメンバーもいるので、ただの飲み会ではなく、一人ひとりの話をしっかり聞く時間と、みんなでわいわい楽しむ時間の両方があるようにする。そのため、時間枠は３時間半と長めにする。

3．今後の準備

今日の会議で候補日を２つに絞る。また、担当チームを結成する。
その後の細かな準備と内容、当日の進行は担当チームに一任とする。

提案レジュメの例

出てきて質問したくなったり、アイデアが浮かんで口を挟みたくなったりするものなのですが、提案のプロセスでは控えてください。後でその機会がありますので、忘れてしまわないようにメモをしておきましょう。
提案のプロセスはこれだけです。

◎日常会話に応用して混乱を防ぐ

「目的と方法」をワンセットで表現するというのは、日常会話でも役立ちます。

Ａ「提案なんだけどさ、今夜はイタリアンにしない？」
Ｂ「いいよ、そうしよう！」
Ｃ「いいね」

よくあるやるとりですが、この提案には目的が含まれていません。Ａさんの目的が単にイタリアンを食べることではなく、じつは「新しく友だちが始めたイタリアンのお店に行ってあげたい」ということだったのかもしれません。

そこが伝わらないと、「安くておいしいイタリアン知ってるよ」「わたしも好きなお店があるから行かない?」と言い出す人がいるかもしれません。これは「意見の相違」ではなく、ただの「混乱」です。言い出したAさんが、ついつい言い出せなくなって、「それならBさんお薦めの店に行こうか」などと応えてしまうと、目的はもうどこかへ行ってしまいます。日常会話を例にすると他愛のない話のようですが、会議でも似たようなことが起こります。始めに、目的と方法をセットで表現すれば、少なくとも他のお店の話は出ませんでした。イタリアンに行くことになったかどうかはわかりませんが、混乱は防げました。

◎会議はみんなで行うことに意味がある

会議というのは、「自分の考えた案を通す、聴衆を説得する」のではなく、「ある目的(課題)のために、最良の方法をみんなで考え出す」ための場です。プレゼンテーション★ソフトなどを使って提案を準備すると、ついつい企業のコンペだとか、有名メーカーの発表会などが想起されて、ショウアップさ

★ **プレゼンテーション**
売り込みたい商品や企画などを、相手の前で効果的に説明・説得すること。

れたやり方に傾いてしまうことがあります。会議はみんなで最善の方法を導き、意志決定する機会です。競合に勝つ必要も説得する必要もないわけですから、もっとも大切なのはわかりやすさなのですが、ついつい「これで通すぞ！」というようなプレゼンになってしまう。これは、会議では〝ノイズ〟になりますし、それをつくり出しているのは、提案者のなかにある小さな混乱です。混乱というのは、かっこよく決めたい、目立ちたい、尊敬されたいなどの、語られない真の意図のことです。これは提案者が自覚できれば混乱が収拾され、会議の場が整います。

また、提案するときに防衛的になって、提案を批判されたくない、変えられたくないという気持ちに囚われてしまう人がいます。そんなときは、落ち着いて考えてみてほしいのです。一人の人が考えた内容と、複数の人が考えた内容を比べれば、通常は後者の方が優れているはずですよね。そもそも会議は、複数の人で集まり、最良の結果を導き出すために開いています。会議はみんなでやるもの。だれがはじめに考えたアイディアか、だれが述べた意見だったのか、そんなことはどうでもいいことなのです。

ステップ2

質問――提案内容を全員で完全に理解する

提案を聞いていると、いろいろと疑問が生じたり、詳しく聞きたいところが出てきたりします。それを尋ねるのが「質問」のプロセスです。

このプロセスでもっとも大切なのは、「わからないことは必ずその場で質問をする」ということです。

このステップでは、質問を通して、なぜいまその提案が出てきたのか、どんな内容なのかを理解します。この「理解する」というのは、「内容を把握する」という意味で、「賛同する」ということではありません。

質問している最中に、質問ではなく意見を述べたくなることがあります。でも、質問の時間には意見は控えてください。全員で提案内容を理解するのが先です。内容についてまだよく理解していないのに、その内容についての意見が出てしまうと、この時点で議論から置いていかれる人ができてしまいます。意見を思いついたら忘れないようにメモをしておきましょう。

◎質問は共有のためのインタビュー

簡潔にまとめられた提案レジュメでも、わからないことを質問していくうちに、理解度が上がっていきます。まず自分がわからないことを質問することから始めますが、ゴールは「全員の理解度を上げること」です。

提案を聞いていて、自分はわかっていても、「一部の人はこの箇所を勘違いしていないかな。ニュアンスを取り違えていないかな」と思った経験はありませんか。提案者と親しい人には細かなニュアンスが伝わっているけど、そうではない人たちは誤解をしている。会議ではよくある場面です。

そんなときも質問をしてください。別にわからないふりをして、しらじらしく質問しなくてもいいんですよ。そんなときは「確認ですが」という枕詞が便利です。

あなた「確認ですが、提案の○○の部分は、△△△という意味ですか？」
提案者「そうです」

この短いやりとりで、「あ、そうだったんだ」と思う人たちが出てきます。

これで全員の理解度が上がりました。

◎だれでも提案できる組織にするために

「わからないことは必ずその場で質問する」という方法には、隠れた大きなメリットがあります。それは、だれでも提案者になれるということです。

先ほどのプレゼンテーションの話でもそうですが、巧みな、凝ったプレゼンテーションが上手な（好きな）人がいます。そういう人は、組織の活動に関して、さまざまな提案をするでしょう。ただ、動画が挿入されていたり、文字がぱっと光ったりするような凝ったプレゼンテーションだからといって、内容も優れているとは限りません。

逆に、人前で話したり、資料にまとめるのは苦手だけども、すごくいいアイデアを持っている人もいます。そういう人が「自分は話し下手だから」と提案を躊躇するようなことがあると、組織としては損失です。

質問のプロセスでみんなが全容を聞き出してくれれば、少し時間がかかっても、内容をみんなに理解してもらえます。提案が上手な人も苦手な人も、会議の場で補えれば結果は同じです。秀でた個人の力で乗り越えるのではなく、組織の力で乗り越える。この方がずっと合理的です。

ステップ3
意見――提案に対してリアクションをする

会議における意見とはつまり、提案に対してリアクションをする、ということです。

リアクションといっても、親指を立ててウインク！ ではダメです。日常会話ならそれでいいのかもしれませんが、これでは議事録★に残りません。また、提案者の目をみてウインクをしただけでは、他の人が気づかないかもしれません。会議での発言は、提案者だけではなくその場にいる全員に届かなければなりませんので、日常会話よりずっと丁寧にやる必要があります。

それから、会議で意見を述べるときには、「理由」を添える必要があります。理由がない意見は、会議では意見ではありません。ここが日常会話との違いです。

★ **議事録**
議事の内容や審議経過、議決事項などを記録したもの。会議録。

◎意見＝反対意見ではない

「賛成意見／反対意見」という考え方も、議論を貧しいものにしかねません。また、「意見＝反対意見」だと考えている人もいますが、これは間違いです。

あるテーマの「肯定派／否定派」に分かれて、それぞれの主張を繰り広げるディベートという手法があります。これを見て、「議論とはそういうものだ」と短絡してしまうと、会議というものを勘違いしてしまいます。もちろん、それぞれの考えを客観的に吟味することは大切ですが、テーマを対立構造でしか捉えられなくなると、本質が見えてきません。会議は共に創造する場であり、戦場ではありません。

また、意見＝反対意見だと考えてしまうと、みんながその提案を気に入って、賛成の気持ちだった場合、し～んと静まり返ってしまいます。ただ沈黙しているだけでは、だれが何を考えているのかわかりません。

賛成の場合でも、もっといいアイデアがある場合でも、発言には必ず理由を添えます。挙手をして発言し、だれかの発言中は黙って聞きましょう。国会での不規則発言や野次が問題になったことがありますが、ああいうのは論外です。

◎「目的」と「方法」を分けて話し合う

提案には「目的」と「方法」の二つのパートがありますが、意見を募る際には、まず目的の部分について意見を出し合い、その後で方法についての意見を出し合います。

目的に賛同が得られていないのに、方法について議論するのはおかしいですし、目的と方法をまとめて議論するのでは、話が行ったり来たりして混乱します。

それから、意見を出し合っていると質問が浮かんでくることがあります。質問のプロセスでは意見を述べることはできませんが、意見のプロセスでは質問をすることができます。意見のプロセスに進んでいても、わからないことは必ず質問しましょう。

ステップ4
修正――どこがどう変わったのか確認する

四つ目は「修正」のプロセスです。議論の結果、提案の一部が修正されたら、どこがどう変わったのかを確認します。会議では、どうしても口頭でのやりとりが多くなりますので、どこがどう変わったのか、思い違いが生じやすくなります。

修正点については、板書したり、少人数なら提案レジュメに赤字で修正したものを見せたりして、きちんと確認をしましょう。

◎提案の修正こそが会議の意義

会議は、みんなで考えて、みんなで決める場です。「だれかのアイデアを採用する／しないを決める」場ではありません。提案が修正されたということは、改良されたということです。

そもそも、組織で活躍することの意味は、複数の人が集まることで、たった一人では不可能な、新しい可能性を切り開けるところにあります。原案がとても優れていたり、あるいはとてもシンプルなもので、提案された通りそのままが支持されることもありますが、もし修正されたとしたら、それは会議をやった甲斐があったというものです。提案者の人は、自分の提案が通るか通らないかではなく、会議を通して一番いい結果にたどり着けるかどうかに注目してください。

ステップ5
承認——全員納得という会議のゴール

「承認」のプロセスは、いわば最終確認です。修正点を確認し、進行役の人が、「承認される方は挙手・起立・拍手してください」と声をかけます。承認する人は、それぞれ挙手・起立・拍手をします。進行役が目視して確認し、全員が賛成していることを確認したら、「承認されました」と宣言をします。

これで「決定」です。「挙手・起立・拍手」と書きましたが、これはどれでもいいですし、意思表示が明確ならば、他の方法でも構いません。投票という方法もありますね。

以上が、会議での意志決定における五つのステップです。会議の規模や、組織のカラーに合わせて、アレンジを加えてみてください。これを基本型としてアレンジしていくと、逸脱せずに済みます。

好みでしか語れない議論は破綻する

「承認」のプロセスで「全員が賛成していることを確認して」と書きましたが、ここで疑問が浮かんできた人もいるでしょう。全員が賛成して、全会一致（全員一致）で決めるなんて本当にできるのか、そんなにうまく意見がまとまるのかという疑問です。

「全会一致が難しい」という感覚があるのは、意見が対立したり、それぞれがバラバラの意見を述べる場面が浮かんでくるからではないでしょうか。しかしながら、前述の通り一人ひとりが別々の感じ方・考え方をするというのは、問題ではなく大前提です。

例を挙げましょう。

「定例会後に、メンバーの親睦を目的とした懇親会を開こう」ということになりました。担当の人があなたに、「懇親会のお店を考えているんだけど、何が食べたい？」と尋ねて来ました。

あなたは、スパイシーな料理が食べたいと思っていて、「インドカレーはどう？」と言いました。担当者が、今度はAさんのところへ行って、同じように「何が食べたい？」と尋ね、Aさんは「最近魚が食べたかったんだよね。寿司！」と応えました。「インドカレー」と「寿司」で意見が分かれてしまいました。これをまとめなくてはなりません。

さて、ここで質問です。あなたは一度「インドカレーを食べたい！」と思って、ありありとインドカレーを思い浮かべた後で、すぐに「寿司が食べたい！」と思えますか。インドカレーが食べたいという気分と寿司が食べたいという気分には、隔たりがあります。

もしこれを会議にかけたら、どうなるでしょうか。

「インドカレーが食べたい理由は？　なんで懇親会はインドカレー屋がいい

と思うんですか」――こんな風に聞かれても、困ってしまいますよね。でも「何が食べたい？」という質問に正直に答えれば、寿司ではなくインドカレーなのです。

ここであなたに尋ねたいのは、インドカレーじゃなければ懇親会には来ないのか、あるいは、インドカレー屋以外の店では懇親会は開催すべきではないと思っているのか、ということです。もちろん、どちらでもないですよね。

大切なのは、「親睦のために懇親会を開く」という部分でしょう。そして、そこが一致していれば、お店選びはいくつかの条件（キャパシティ、移動距離、価格帯など）については確認が必要でもメニューまで詳細に議論する必要はありません。

ここで「インドカレー 対 寿司」という対立軸をつくって、「さぁ、議論して！」とやってしまえば、いつまでたっても決められません。「人は同じ気持ちにはなれない」というよい例です。一つに絞る必要のないこと、好みでしか語れないことを、議論して無理矢理に一つにまとめようとすると、破綻してしまいます。好みとコンディションに左右される「食べたいもの」を議論を通して全員で一致させるのは無理ですが、親睦のために懇親会を開催するということは、全員で一致を目指して話し合えます。

折衷案には頼らない

こういう場面で犯しがちな間違いに「折衷案に頼る」というのがあります。折衷案というのは、つまり、だれも望まない案ということです。

「インドカレー屋と寿司屋でもめてるの？ それならいい考えがあるよ。裏通りにあるお店でさ、看板に〝おすし・カレー・らーめん〟って書いてある店があるから、そこにすればいいよ。折衷案だね！」

ここまでくるとほとんどコントですが、会議が混乱すると、こういうことをやってしまうのです。

別の例を挙げましょう。

ある中学校では、修学旅行の行き先とプランを、子どもたちに話し合いで決めさせることになりました。何ヶ月も前から話し合いを重ねた結果、「沖縄に行きたい！」というグループと、「北海道に行きたい！」というグループに分かれました。

それぞれ、その地域のよさ、その地域での楽しみ方をプレゼンテーションしてきましたが、なかなか一つにまとまりません。

そして、とうとう旅行会社から、「今日の夕方五時までに決めてもらわないと困ります」と言われてしまいました。この期限を守らないとキャンセルされてしまいます。

しかし、いくら議論をしても、一つの案にはまとまりません。その様子を見たある先生が、怒り出してこう言いました。

「なんだなんだ！　みんな自分の意見ばっかり主張して！　少しは相手の身になって考えなさい！　時間がないので、（日本地図を広げて）間を取って決めます。長野県にします！」

会場は静まり返り、子どもたちはうなだれました。

もちろんこれは架空のお話です。でも、これと同じようなことはたくさんあるのです。安易に折衷案に頼ると、ろくなことがありません。

決まらないときは目的に立ち返る

議論を尽くしたのに決まらない……、こういうときに大切なのは、目的に立ち返るということです。

先ほどの修学旅行の例で、「沖縄に行きたい」というグループの子どもたちは、「北海道なら修学旅行になんて行かない」と考えているでしょうか。おそらくそんなことはないでしょう。「沖縄 対 北海道」という対立構造にするからおかしくなるのです。これは「寿司 対 カレー」と同じですね。

先ほどの例で最悪なのは、急に先生が「間を取って長野に行く」と決めてしまった点です。このような意志決定プロセスでは、「長野」という結論に、子どもたちはガッカリしてしまうでしょう。言うまでもないことですが、それは「長野県」に魅力がないからではありません。自分たちの考えとつながりのない案が突然出てきて、それで決まってしまったからです。

修学旅行に向けて、これだけ一生懸命に準備をして話し合えた子どもたちなら、初めから「長野に修学旅行に行くんだけど、どんなことがしたい？」と尋ねれば、きっと思い出に残る楽しい修学旅行になったはず。にも関わらず、「好み」のレベルでしか決められないことを、プレゼンテーションやディスカッションで一つにまとめることに取り組ませた結果、「楽しい修学旅行にする」という目的が、吹き飛んでしまいました。

「多数決で決める」ことを決める

それなら、多数決で決めればいいじゃないかと考える人もいるでしょう。しかし、注意しなくてはならないのは、「多数決で決めていい」というルールはどこにもない、という点です。こういう場合は、「決め方を決める」必要があります。

修学旅行の例では、「夕方の五時」というタイムリミットがありました。多くの物事にも、同じようにタイムリミットがあります。タイムリミットに対する態度の取り方は限られています。

①タイムリミットだけど、それを延長する（延期しても差し支えない）

②タイムリミットだから、多数決などの方法で決める
③タイムリミットだが、間に合わないので中止を検討する

①は、別に急ぐことじゃないから、締め切りを伸ばしてもう少し話そうよ、という考え方です。「会場についてなかなか決められず、もう少し議論したい。本番の日時を延期しよう」というような判断です。②は、開催そのものには全員が賛成しているから、何らかの方法で二つの案のどちらかを選ぼうという考え方、③は、別の案ならやるべきではないという考えがあるために、中止を検討するということです。

延期も中止もしないなら、決定しなければなりません。こんなときは、「決め方を決める」プロセスに移ります。決め方というのは、実はいろいろあります。

・多数決
・くじびきやジャンケン
・だれかに一任

多数決は、人数が多い方で決めるという決め方です。くじびきやジャンケンは運ですよね。これもさっぱり決められます。一任というのは、決定権のある人を決めてその人に任せるという決め方です。決め方に決まりはありません。リレーでも腕相撲でも何でもいいのです。重要なのは、その決め方を全員で納得して決められるかどうかです。

人は結果よりもプロセスで納得感を得る

決め方を決める場面というのは、議論しても全会一致にたどり着けず、それでも検討中のいずれかの案に決めることで先に進みたいときです。ここまで状況が整理できたら、一度議論を止めて、決め方を提案します。そして、決め方を全員納得の上で決めます。

全員納得ということを、「全員が同じ気持ちなること」と捉えてしまうと、いつまでたっても満足できません。人は一人ひとり違いますから、同じ気持ちになどなれません。繰り返しになりますが、これは忘れてはいけない大切な前提です。

組織における納得とは、プロセスに対する納得です。結果が自分の思い描いたものとは違っていても、決定のプロセスへの納得感があれば、組織としてまとまれます。逆に、結論が同じでも、その背景への認識がまちまちだったり、意図していることが違ったりすると、全員一致で決めたようでも実際に動き出すとぎくしゃくします。

結果よりプロセスが大事といいますが、会議における納得という点では、まさにその通りだといえます。

◎会議の進行役

会議には「進行役」が必要です。議長とか、司会者とか、呼び方はさまざまですが、進行する人を決めておきましょう。

組織のなかに、役員会的な会議のマネジメントをする機関があれば、そこのメンバーが進行役を担当するといいでしょう。「進行役はもちまわり」というパターンがあるのですが、これは全員が進行役の視点や負担を理解できるという利点がある一方で、会議の場の安定度は下がります。「一番〝偉い〟

人が進行役をする」というパターンもよく見られますが、進行役には、その会議で何をしなければならないのか、どのような提案があるのかを理解している人が適任です。自分たちに合う方法を選んでください。

会議のセミナーなどでは、「会議の進行役に徹しているから、発言できない。どうすればいいですか」とよく質問されます。フラット型組織での会議に、メンバーの一員として出席しているなら、たとえ進行役であっても、メンバーの一員として発言する権利があります。また、発言してもらわねば困ります。

こういうときにおすすめしたいのは、進行役を二名にする方法です。これをうまくやるコツは、メインの進行役とサブの進行役を事前に決めておいて、基本的にはずっとメインの進行役の人が進めるようにすることです。それで、メインの進行役の人が個人として発言したくなったときなどに、サブの進行役の人にチェンジします。メインの進行役の人が「はい！」と挙手したら、サブの進行役の人が「どうぞ！」と指してあげればいいのです。会議が混乱して進め方に迷ったときなども、「ちょっと進め方を相談するので待っていてください」と全体に告げて、進行役同士で相談することもできます。

外部からファシリテーター★などを招いて会議をするなら、会議の進行役を任せてしまうという方法もあるでしょう。こういう場合は、外部の進行役は進行に徹する存在であり、発言権はありません。

★ **ファシリテーター**
集会や会議などで中立的な立場から議題にそって発言などを整理する進行役。

◎議事録をつける

会議を開いたら、忘れずに議事録をつけます。議事録とは会議の記録ですが、何をどのように記録すればいいのでしょうか。まず、これだけは最低限記録してください。

・会議の日時と会場
・会議の出席者
・承認事項（決定事項）

要するに「いつだれがどこに集まってなにを決めたのか」を、記録に残します。なぜ必要なのかというと、忘れてしまうからです。「わたしは忘れない！」という人もいるでしょうが、自分は覚えていても、他の人が忘れてしまうかもしれませんし、時には別の決定をしたと取り違える人が出てくるかもしれません。こうなると言った言わないの話といっしょですから、せっかくの会議が無駄になってしまいます。そんなとき、議事録があれば、それを確認するだけで済みます。

議事録の詳しさの程度ですが、上記の必須事項だけでなく、だれがどのような発言をしたのかを記録している場合や、録音や録画をしているという場合があります。多くの発言を記録するのは負担ですし、録画や録音は倍速で再生しても、確認に会議時間の半分の時間が必要です。詳しさの度合いは、後でどれくらい議事録を使うのかで決めます。決定の経緯を確認することがあるのであれば、一言一句まで記録しなくても、経緯をメモしておきます。決まったことを確認する程度なら、先の三点でも事足ります。

「議事録担当者」も、会議の進行役と同じで、メンバーの一員が担当しているなら、個人としていつでも発言できるように配慮が必要です。進行役と同様、議事録担当者を二名にしてもいいですし、一冊のノートを会議中にまわしていってもいいでしょう。

陰口が組織や場を蝕む

ここまで会議について詳しく説明してきました。これに忠実にやっても、すべてが無意味化してしまう最悪のケースがあります。会議の禁じ手です。それは「会議が終わった後で、陰口を言う」という行為です。

会議で本音を言わずにやり過ごすと、腹の中に「言いたいこと」が残ります。本当は言いたいけれども、言わずに我慢しているわけです。我慢するためには、筋肉に力を入れておかなければなりません。会議中は力を入れて我慢していても、会議が終わると力が緩みます。気心が知れた人や、自分の本音を話しやすい人といっしょにいると、緊張が緩んで「言いたかったこと」が口から出てきます。これが陰口です。

文句や意見は、その対象に伝えなければ意味がありません。フラット型の会議なら全員に発言権があるわけですから、それを行使しなかったのは自分の責任です。

陰口など世の常だと思うかもしれませんが、場づくりにおいて、陰口・悪口・噂話というのは、もっともネガティブな行為です。それらは破壊のエネルギーとなり組織や場を蝕みます。

信頼でつながっている活動というのは、もろいものです。陰口・悪口・噂話は、その信頼を傷つけます。会議が終わった後に陰口を言うのは、場づくりではなく「場壊し」です。

もし陰口を言ってしまったら

陰口のなかにも、避けがたいこんなケースがあります。

会議でひっかかりを感じつつも、これでいいと思い承認したものの、「やっぱりあれは違ったかも……」という思いが湧き上がってくるケースです。そのとき、たまたまだれか話せる人がいたら、「さっきの会議で決めたこと、違うと思うんだ」と話しますよね。ここに悪意はまったくありませんが、相手がいないところで話しているので、これも陰口になってしまいます。こんなときはどうすればいいのでしょうか。

一番いいのは、次の会議などで経緯を説明することです。「会議のときはあれでいいと思っていたけど、終わった後に◯◯さんと話していたらやっぱり違うかもと思えてきてしまって。だから、蒸し返すようで悪いけど、もう一度話し合いませんか」と言えばいいのです。経緯の説明もなく、承認されたはずの案件の修正案をつくっていきなり会議に出したら、みんなびっくりしてしまいます。

このように、「蒸し返す」ことも時には必要です。ただ、もう話が進んでしまっていて、蒸し返せる時間がない場合もあります。そんなときも同じように経緯を説明して、その上で「今回は間に合わなかったけど、次回は考慮して、改めて話し合いましょう」と言います。

本当に思ったことを言う

大切なのは「本当に思ったことを言う」ということです。よく「人間関係が悪いから会議がうまくいかない」という相談を受けます。気持ちはわかるのですが、それは間違いです。実際には、会議の場づくりができていないから、人間関係が問題になってしまうのです。

会議の場づくりという観点からだと、「仲がいい」「気が合う」「プライベートでも親しい」などというようなことは、実はどうでもいいことなのです。会議がしっかりやれて、相手の発言を信用できれば、別に相手のことを好きでなくてもいいのです。もちろん人間関係は良好であるにこしたことはありませんが、度々ぶつかり合うような関係性でも、お互いに信頼し合い、場をつくることはできます。必要なのは信頼関係で、なんとなく楽しくやれる上辺の人間関係ではありません。本当に思ったことを丁寧に伝える姿勢が鍵なのです。

もし、会議での発言一つひとつが、本当に思ったことでなかったとしたら、どうなるでしょうか。

その発言にそれぞれが反応し、やりとりして、会議の意志決定プロセスによって承認されてしまいます。そして、承認されたことに基づいて、全員で活動するわけです。想像してみてください。こんな活動にどんな意味があるのでしょうか。

もっともらしい発言、空気を読んだ発言、なんとなく収まりのいい発言というのがあります。本音を脇に寄せ、当たり障りのないことを言い合って、それなりのところで意志決定し、場をつくる。もし、そこが地域の高齢者のための場や、子どもたちのための場だったらどうでしょう。場を主催する人たちは、なんとなく空気を読んで、嘘の言葉を交わして、場をつくっています。その場にやってくる高齢者のこと、子どもたちのことについても、嘘の言葉で話しています。あなただったら、そんな場に行きたいですか。お年寄りや子どもたちに、そんな場に行ってほしいでしょうか。

会議の場で一人ひとりが本当に思ったことを発言すれば、全員で同じ気持ちにはなれなくても、全員で納得して活動をすることはできます。そうすると、組織の活動の場と、構成員一人ひとりの内面がつながります。自分のなかの思いを反映した場ができあがり、その上に自分自身が立てるのです。

主催者の関係性が場に反映される

主催者同士が本当に思ったことを言えないような関係性なら、そういう人たちがつくる場も、その関係性の影響下にあります。本当に思ったことが言えないということは、お互いを信頼せず、安心感が持てずに、緊張しているということです。そんな状態で「安心できる居場所」とか「ほっとできる場」などと言っていても、絵空事に過ぎません。訪れる人に心地よさや安心感を届けたければ、まず自分たちが心地よく、安心した関係性をつくる必要があります。これは場づくりをする人たちすべてが、きちんと向き合って取り組む価値のある、とても大切なことなのです。

会議というのは、本番のために開かれる準備の場であると同時に、場づくりの最前線でもあります。場づくりでアプローチできる場は、実は常に目の前の場に限られているからです。

会議のとき、いまこそ集中してがんばるときだと自覚して、目の前の場に全力を注ぐのです。そうすると、目の前の場がよくなり、次の会議の場は前の会議の場の豊かさを引き継ぎます。そうして場は連なり、本番当日が訪れます。

本番当日というのは、大抵だれでもがんばります。でも、もう遅いのです。会議を重ねるうちに混乱し、脇道にそれ、陰口や噂話にまみれていては、本番当日にできることなどほとんどありません。がんばりたくてもがんばりようのない場ができあがってしまっています。

一方、会議の場で混乱を収拾し、整え、問題をクリアしながらたどり着いた本番当日は、「あとはただやるだけ」という状態にあります。こうなると、あとは一人ひとりが自分のコンディションを整えるだけで済みます。

会議でのふるまいについての話は、会議という枠組みに留まらず、場づくりをする人の責任とはどのようなものかを示唆しています。「責任」などというと意に反して何かの責任を取らされそうに思うかもしれませんが、それは違います。ここでいう責任とは、「自分が関与する気になれば関与できるし、それを自由に選べる」という意味です。これは、場づくりのすべての局面に当てはまります。場をつくっている人は、そこで本当に思っていることを話すか、嘘の言葉を話すのか、それを自由に選べます。本人の選択次第です。どちらも選択しないとすれば、それは「どちらも選択しない」ということを選択したということになります。目の前の場は、いつもあなたの選択の結果です。目の前の場には、いつも一人ひとりが責任を負っています。

会議での発言一つひとつは、場を構成する細胞のようなもの。細胞が壊れていては、全体は機能しません。

なんだかこの会議は雰囲気が悪いな、話しにくいなと感じたら、自分自身がその悪い雰囲気の原因であることにいち早く気づいてください。もちろん、あなただけが原因ではありません。でも、会議のテーブルを囲んでいる以上、無関係であるということは絶対にないのです。このことを他人事だと考えて放置するか、自分ごとだと考えて自分のできることをやるか、それをあなたは自由に選べます。これが、先ほどの文脈での「責任がある」という状態です。あなたが、あなたの責任で選択をしてください。

5 継続的な場をさらに豊かにするには

これまでに、ゼロから始めて継続的な場をつくるまでのプロセスや、場づくりOSとしての「組織の立ち上げ方」と「会議のやり方」を紹介してきました。この章では、そうして展開された場をよりよいものにしていくための考え方とやり方を紹介していきます。

問題に直面しない場はない

本書のやり方を参考に場をつくっていても、またどんなに優れた才能の持ち主が場づくりをしていても、必ずさまざまな問題に直面します。問題に直面じない人生がないように問題に直面しない場はありませんから、問題に直面すること自体は悪いことではありません。それにどのように対処していくのかが鍵になります。

「活動場所が使えなくなった」「仲間が去ってしまった」「続けていくのがつらい」「グループが分裂しそう」など、どれもよくある話なのに、対処法はあまり紹介されていません。そのため向き合わないことで問題を大きくしてしまい、対処法がわからず場が空中分解する――そんな展開は避けなければなりません。

問題や課題が出てくるということは、そこに対処した方がいいことがある、場に関わる人たちの内面と場の間に不一致があるというサインです。つまり、それに対処すれば、さらに豊かな場をつくることができるということです。

本当の意味での「場の豊かさ」とは、他人からの評価によって決まるものではありません。あなた自身が、そしてその場に関わる人たちが、そこに豊かさを実感できるかどうか。大切なのはそこです。問題や課題を力に変えて、さらに豊かな場をつくり出すには「振り返る力」がとても大切です。

場を振り返り次につなげる

単発の場でも継続的な場でも、一つの場を終えたら、それを振り返ることが大切です。次の場につなげるべき要素を抽出して、確実に活かします。

一つの場を持てば、さまざまな結果に直面します。「もっとこうすればよかったな」と思うこともあれば、「うまくいった！」と思うこともあるでしょう。また、「うれしかった！」とか「悔しかった！」とか、さまざまな感想を持ちます。これらは、総体としてはとても混沌としています。混沌をすべて整理することはできませんが、その中から今後に活かせる要素を抽出することはできます。

さて、そのために紹介するのは、二つの振り返り方を組み合わせる方法です。

1. 感想会
2. 総括会議

それぞれ、場が終わった後に開きます。やり方を説明していきましょう。

1. 感想会

感想会は、文字通りに「感想を述べ合う会」のことです。なんらかの場が終わった直後、できるだけ早いタイミングで開きます。よく「反省会」というのがありますが、なんだか悪いことを反省する会みたいなニュアンスがあるので、ここではニュートラルに「感想会」と呼んでいます。もちろん、名称はなんでも構いません。

進め方は、まず各自がその日の「感想」を、自分のノートなどにまとめます。「朝は不安だった」とか「担当していた◯◯の時間が終わってほっとした」とか、「帰り際に参加者の人にありがとうと言われてうれしかった」とか、感想ならなんでもいいのです。時間軸にそってまとめても、エピソードごとにまとめても、それぞれがやりやすい方法で構いません。出てきたことはそのまま書きます。ここでは、感じたことをそのまま書きます。

厳密に言うと、感想をまとめるというのは、そのときに現場でどんなことを感じていたのか、記憶をたどり記述する作業です。「次に活かすことを出し合おう」なんてお題があると、多くの感想がそぎ落とされ、陳腐化してしまいます。また、「うれしかった！」とか「悔しかった！」などの感情体験は疎外されがちです。感想会でそれを述べることで、お互いの感じたことを分かち合うことができます。

各自が感想をまとめる時間は、二〜三分でもいいですし、振り返りの対象の場の時間が長く、情報量が多い場合は、三十分くらいかけてもいいでしょう。感想を書くのが難しいと感じたら、その日のスケジュールを順番に思い出してみてください。スケジュール表などを見ながらやると、感想がどんどん出てきます。

全員がまとめ終わったら、それを順番に発表していきます　発表された感想の内容で、意味がわからないことがあったら、お互いに質問をします。感想会の基本的な進め方はこれだけです。

ただ、まれに話し合いが必要になる場合があります。それは、一つの事実や現象に対する感想（見解）が、大きく食い違ったような場合です。

例えば、会の帰り際に参加者のAさんが「今日はひと味違いましたね」と言った、という事実があったとします。その事実に対し感想会で、あるスタッフは「Aさんにそう言ってもらえてうれしかった」と言い、別のスタッフは

「申し訳なく思った」と言いました。一つの事実に対する評価が正反対です。このままでは気になりますから、取り上げて話し合います。

こういうときには、まず事実関係を確認します。感想というのは、それを抱いた瞬間があります。「なぜそう思ったのですか」という質問が一般的だと思いますが、事実関係を確認するには「いつ、いつそう思ったのですか」という質問の方が、この場合は的確です。何に反応してそのような感想を持ったのかが明らかになるからです。この時点で「なるほど、そういうことか」と、食い違いの謎が解けてしまうことも多いです。

よくあるパターンは、見えている範囲が違う場合です。例えば、Aさんの言葉をポジティブに捉えたスタッフは、「今日はひと味違った」という一言を聞いた瞬間に「楽しんでもらえた、よかった！」という感想を持ちました。それに対し、ネガティブに捉えたスタッフは、もっと前の時間に、Aさんが「今日はいつもと違ってなんだか落ち着かない」と不安そうに話しているのを聞いていて、その時点からずっと気になっていました。その伏線があり、そこへ帰りがけの「ひと味違った」という言葉を聞いて、「申し訳なく思った」という感想につながりました。

感想を通して現場をスキャンしていくと、どこで何が起こっていたのかを多面的に捉えることができます。Aさんがどんな様子だったかは、食い違いが明らかになった二名のスタッフだけでなく、他のスタッフも見ていて知っているはずですから、改めていろいろな感想が出てきます。

「Aさんは、『午前中はいつもと違って不安だったけど、たまにはこういうのもいいですね』と言っていました。だから、ひと味違うというのは悪い意味じゃないと思うけど、これからずっと今回みたいなやり方がいいとは思っていないかも」

というような、はっきりした話が出てくることもあります。

一方で、事実関係の確認では済まない場合があります。例えば、その日の企画に対する認識の差や、もっと根本的な活動に対する考え方の差です。「小さな変化があった方がいい」という考えと、「いつも通りの場を提供することが大切」という考えがあって、だからこそ感想が正反対になったというような場合です。これは感想会で白黒つけるのではなく、話し合うべきテーマが認識されたところで、「次の会議で話し合いましょう」といったん棚上げします。感想会という枠組みでは、ここまでです。

感想会は地味な会ですが、高い効用があります。まず、各自が「自分の感じたこと」をはっきりさせることができます。自分が何を感じていたのかを知るのは、場づくりをするために必要不可欠です。渦中にいた自分を、客観的に眺めることを繰り返していくと、自分や仲間を客観的に見られるようになります。例えば、朝は不安で「もうダメだ、帰りたい」と思っていたのに、昼頃には「すごく楽しく」なってきて、夕方には「お礼を言われてうれしかった」という体験だったとわかると、それを認識しただけで見えない筋肉のようなものがついてきます。

人の状態というのは刻々とうつろいますが、渦中ではなかなか俯瞰できません。同じように「もうダメだ、帰りたい」という朝が来たときに、その渦中に留まるか、瞬間外に出て「前にもこういうことがあったけど、終わりには消し飛んでいた。きっと大丈夫だから集中しよう」と考え、冷静に「いま・ここ」の場に戻ってくることができるのか。自分の傾向を知っていくこと。ここは鍛錬です。感想会で自分のパターンを知ることができると、この負荷に耐えられる見えない筋肉がつくのです。

他にも効用はあります。それはお互いの傾向を知ることができるということです。現場でも相手のことを理解できるので、互いに励まし合えるチームをつくることができます。

2. 総括会議

総括会議は、各担当が総括案（それぞれの担当分野についての振り返り）を、書面で用意して開かれる会議です。会議までに、各担当者が次の三点についてまとめます。

①当初やろうとしたこと（計画）
②実際にやったこと（結果）
③結果への評価（必要なら改善案も）

総括は「原案」ですから、会議で承認されなければなりません。この原案を会議の議決フロー（提案→質問→意見→修正→承認）にのせて検討していきます。こうすることで、一つの場を全員で総合的に評価できます。

「うまくいったから、次も同じ方法がいい」
「うまくいかなかったから、次は改善した方がいい」
「うまくいかなかったが、アクシデントで仕方がなかった。次も同じ方法でいい」

それぞれが勝手に判断するのではなく、話し合って評価することで、次に活かすことができます。ある人が「次は変えよう」と思っているのに、別の人は「次も同じようにやろう」と思っているというような見解の相違が放置されると、次の準備を進めているときに、前回の評価まで遡らなければいけません。時間が経てば記憶も曖昧になりますから、評価は次に進む前に終わらせておきます。

感想会が対象の場が開かれた直後に行われるのに対し、総括会議は（総括案を準備する時間が必要なので）後日改めて開催されます。

定例の場が週に三回あって、感想会はともかく、いちいち総括会議なんてやっていられないという場合には、例えば六ヶ月間など、期間を区切って、まとめて総括会議を持つといいでしょう。

感想会も総括会議もなく、ただ計画だけがあるというのは、前向きなようですが、地図を見ないでやみくもに歩くようなものです。客観性が失われ、自分がどこにいてどこに向かおうとしているのかわからなくなってしまいます。

振り返りには、もう一つメリットがあります。それは「終わらせる（区切りをつける）」という効用です。

うまくいかなかったからといって、いつまでも「失敗しちゃったな……」とくよくよしていても仕方がありません。また、大成功したからといって、「うまくいったな〜。よかったな〜」といつまでもそのことに浸っていてはダメですよね。「問題がある」「ひっかかる」ということは、場としてはまだ〝終わっていない〟のです。これでは、次の場がこれら〝ノイズ〟の影響下に置かれてしまいます。感想会をやって総括会議をやったら、それでおしまいです。その場は完全に閉じられました。終わらせることができれば、場は自由さを取り戻します。

場の良し悪しは主催者次第

場づくりにおいて、大切なのは主催者です。

講座やワークショップ、何かのお祭りやイベント、コミュニティカフェ、展示会、どんな場であっても、その質を決定づけるのは、参加者ではなく主催者です。

例えば外部から講師を招いて、講演会を開くとしましょう。講師は参加者ではありませんが、主催者でもありません。講師がよければよい講演会に、講師がダメならダメな講演会になる――そう思うかもしれませんが、実は違うのです。講演会の場合でも、やはり会の良し悪しを決定づけるのは、講師ではなく主催者です。

僕は、場づくりのセミナーなどで、招かれて頻繁に講師をしています。そのほとんどはよい集まりですが、年に一回くらい「やりにくいな……」と感じることがあります。ざわついているとか、し〜んとしているとか、そういうことではありません。そうした場の乱れなら、講師として場づくりをすることでやがて解消されます。難しいのは、参加者がその会で「どんな話が聞けるのか」「どんなテーマを扱うのか」などを、事前に理解していなくて、何かのしがらみで仕方なく（あるいはなんとなく）人が集められているケースです。

なぜそんなことが起こるのかというと、主催者が「なんでもいいから何かやってくれればいい（開催したという実績だけがほしい）」「こういう会にしたいという目的が曖昧」という状態にあるからです。また、主催者同士の意思統一がなされておらず、人によって言うことがまちまちだったり、矛盾していることもあります。広報の内容も曖昧になりますし、勘違いして会場に来てしまう人も出てきます。これではいい講演会になどなりません。

逆に、主催者から「こういう人たちを対象に、こんな内容で、こういう成果を上げたい。だから、こういう内容を扱ってほしい」としっかりしたオーダーがあると、その会は非常に充実したものになります。主催者が、広報段階でテーマをきちんと伝え、そのために準備をしているため、会場には、「話を聴きたい」「自分の課題を解決したい」という人々が集まります。

いずれの場合も、講師の能力は同じです。でも、主催者の方が「よい場」を整えてくれていると、力が発揮しやすくなり、成果につながります。その逆も然りです。

ワークショップってそんなにいいの？

何かのテーマを深めたいときに、ワークショップという手法が選ばれることが増えました。最近は流行していて、全国各地でさまざまなワークショップが開かれています。

ワークショップというのは、何らかのテーマに対して集まった人たちが、主体的に体験や知恵を出し合い、協働することで、日常では到達できない領域にアクセスするための手法です。日本で普及し始めたのは九〇年代初頭でした。

いままでは定義が曖昧に拡大し、一方的な講義ではないスタイルを何でもかんでもワークショップと呼ぶようになりました。会議の代わりとして、ワークショップが用いられることさえあります。

第四章で示した「会議のやり方」は、意志決定のための会議のやり方です。これが会議というものの基本型ですが、意志決定以前、原案作成以前に、いろいろなアイデアを出し合ったり、何かのテーマを深めるためにワークショップ形式を利用することができます。ただ、意志決定の前段階として、大まかな合意形成をしたり、議論のための基礎をつくることはできても、自治組織の意志決定には不向きです。何かを納得して決めるためには、その場のムードや雰囲気ではなく、一人ひとりに丁寧に確認することが何より大切です。

ワークショップの場は、演出過剰になりがちです。色とりどりのペンで付箋紙や模造紙に書き込んで、壁に貼り付けて……、カラフルで見映えはいいのですが、大切なのは中身です。何が書いてあるのかわからない模造紙を壁一面に貼りだしても、意味などありません。ただ不揃いなものがたくさん出てきただけなのに、それを「多様性」と呼んで賞賛したり、雑多な意見が整理もされず列挙されただけなのに「パワーがある」と言ってみたり、これではなんでもかんでも「やってよかった！」になってしまいます。★アイスブレイクも過剰になれば逆効果です。人が緊張を解き目の前のことに集中するには、それ相応の時間とプロセスが必要です。急に仲良くなんてそうそうなれ

★アイスブレイク
余分な緊張を取り、メインコンテンツに集中できるようにするための手法。自己紹介を工夫したり、ちょっとしたゲームをしたり、からだを動かすなど、たくさんのバリエーションがある。

ません。ある種のノリをつくり出し、それに合わせることを強要するような場では、上辺はリラックスしたように見えても、芯は硬く緊張したままです。配慮は必要ですが、近道などありません。

手法がなにかを解決するわけではありません。手法から場を設計せず、場に必要な手法を選択してください。

深まる場のつくり方

何かを「深める」ための場をつくるには、どうすればいいのでしょうか。情報を伝えるだけではなく、その場だからこその深まりをつくり出すために、次のような2段階で場を構成する方法があります。

第1段階　全員で一定の情報を共有する
第2段階　共有された情報を元に深める

これだけでは全体像がつかめませんので、例を挙げながら説明していきます。

第1段階　全員で一定の情報を共有する

例えば、あなたが環境問題に関心があるとします。関連する文献を読んだり映画を見たりして、個人的に見識を深めてきました。その上で生活や社会を見渡すと、解決できないさまざまな問題があることが浮き彫りになり、自分のライフスタイルとの関係で、「葛藤」を感じました。

仮に、このような問題意識から深まる場をつくるのであれば、まず、第1段階では、そのエッセンスを参加者と共有します。あなたと同じように本を読んで映画を見る時間はありませんから、それを紙の資料にまとめて話したり、あるいはスライドにしたりして、参加者に伝えます。

「参加者に考えを押しつけたくない」と思うかもしれませんが、それは違います。この話のポイントは、あなた自身の問題意識を、ちゃんと参加者に伝えるということです。

地球レベルでの環境問題と、日々の自分の守りたいライフスタイルに葛藤があるなら、その葛藤について事前に深めておきます。感情について、ライフスタイルについて、それぞれ譲れない一線はどこにあるのか。また、その理由は何か。そういうことを、丁寧に表現します。

第1段階とは、あなたとほぼ同じ地点まで、他の参加者を導く段階です。客観的情報、あなた自身の思い、葛藤も含めて深めてきたもの――それらを追体験してもらうプロセスです。

参加者からは、質問を受けたり、「共感できる点」や「自分とは異なる点」などを出してもらったりします。

第2段階　その情報を元に深める

第1段階で、参加者はあなたと同じ地点まで導かれています。でも、考え方は人それぞれです。「同じ地点まで来ている」というのは、同じ立場に立っているとか、考えを同じにしているということではなく、情報を得て対等に深めていく準備ができているということです。

先ほどの葛藤の部分を、討論のテーマにして、話し合ってもいいでしょう。そして、あなた自身の本当の悩み、例えば「そういう葛藤があるなかで、これからどうしていけばいいのか」「有効な手段とは何か」ということを、討論のテーマにしてみましょう。

討論のテーマは一つにせず、第1段階から連なる導入的な討論のポイントと、それを深めていく最終的な討論テーマを縦に並べます。最終的な討論テーマの答えは、あなた自身のなかにも、あなたが読んだ本のなかにも、見つかりませんでした。でも、そこに集まった人々と情報を共有し、葛藤を深め、解決策を探ることで、自分だけでは到達できないところまで行ける可能性があります。

こうした準備もなく「環境について日頃思うこと」というような当たり障りのないテーマで意見を集め、それをグルーピングして話し合っても、深めることなどできません。「対話」も流行していますが、ただ集まって話すだけでは、日常の限界を越えられません。

仲間が〝客体化〟してしまうきっかけ

いっしょに活動しているのに、「次の集まりはいつにする？」と聞いたら、「みなさんの行ける日にしてください。わたしも都合が合えば行きますので」と言われてしまう。中心で場をつくっている人にとっては、きつい一言です。

以前は「それじゃ、この日にしない？」と言っていたのに、いつのまにかどこかよそよそしい、お客さんのような状態になってしまう。こういう現象を「客体化」といいます。逆に、どこか他人事のような態度をとっていた人が、自分のこととして場に関わるようになることを「主体化」といいます。人はどんなときに主体化したり客体化したりするのでしょうか。

この主体化と客体化は、一本のゲージで表せます。

まず、人が客体化するのはどんなときだと思いますか。

それは、自分が当事者の一員であるにも関わらず、必要な

情報を知らせてもらえなかったり、知らないうちに何かを決められてしまったときなどです。

五人のチームで活動していて、たまたまいま四人しかいません。Aさんは、不在です。活動に関する話が出て、先週の会議で決定したことに、ちょっとした変更を加えることにしました。軽微な変更です。小さなことだし、気心が知れたAさんのことだから、「これくらいは大丈夫だろう」と、四人は判断しました。「きっとAさんも、この判断を支持すると思うよ」とだれかがいい、そこにいる人だけで決めてしまいました。

こういうときに、「小さな客体化」が起こります。Aさんは、主体化と客体化のゲージを、少しだけ左側（客体化）の方に移動してしまいました。四人で判断して決めてしまうという順番が間違っていたためです。

もし正式な会議の場で、「前回の会議で決めたこの件だけど、こういう事実がわかったので、この部分だけ変更したいと思います。どうでしょうか」と聞かれれば、四人と同様、Aさんも賛成しました。「Aさんも賛成するはず」という予想は、当たっていたことになります。それにも関わらず、小さな客体化が起こってしまったのは、客体化というのは、「自分の思い通りになる

／ならない」ということとは、また別のことだということです。

それではどうすれば小さな客体化を防げたのか、その方法を示しましょう。まず、次の会議を待たずに変更を加えたければ、その場でだれかがAさんに連絡をすればよかったのです。電話で話せたら簡単ですね。もともと軽微な事柄だからこそ、「ちょっと変えちゃおう」となったわけですが、そう決定して進めてしまう前に、Aさんに確認を取ればよかったのです。

・変えたいという話が出る→変えて進める→Aさんに報告する
　＝小さな客体化

・変えたいという話が出る→Aさんに確認する→変えて進める
　＝小さな主体化

「小さな主体化／客体化」の問題は、まず順番の問題なのです。右のどちらの場合でも、Aさんは、変更については賛成しています。でも、すでにそれで進められていて事後報告を受けると「（決まっちゃったんだ……）うん、賛成です」ということになり、小さな客体化が起こります。客体化は小さなもので、劇的な客体化ではありませんから、そのときにはわかりません。でも、主体化と客体化のゲージで、Aさんは客体化の方向に、少しだけ移動しました。でも、これが積み重なると、ある日会議の日時を設定しようとしている何気ないときに、「みなさんで決めてください」などという言葉を聞かされることになるのです。

話しすぎる人と沈黙の人

「声の大きな人や、たくさん話す人の意見だけで話し合いが進んでしまいます。どうすればいいですか」とよく相談されます。この悩みは、本当に多いのです。

前章で紹介した会議のやり方を実践し、提案→質問→意見→修正→承認というプロセスで進めていくだけでも、ある程度この問題を迂回できます。ただ、この悩みには、他にもこんなバリエーションがあります。

・会議で話す人が固定されている（一部の人だけで進んでしまう）
・会議が静まり返ってだれも話さない
・いつも代表者の自分だけが話している
・長く発言する人がいて時間が足りなくなる

会議での発言量に個人差があるのは当然のことで、それ自体は問題ではありません。よく話す人がいて、無口な人がいる。そういうものですよね。そういう個人差を許容するというか、いろいろな人がいることを楽しめばいいと思います。それでもそれが悩みになるのは、「話したい人が自由に話せなくて困る」ということや「黙っている人の意見がまったく想像できなくて不安だ」ということがあるからでしょう。会議の場だけでなく、ちょっとした打ち合わせなどのさまざまな場面で、話しすぎる悩みと沈黙の悩みが出てきます。

「話しすぎる人がいて困る」という相談を受けたときに、僕はいつも「そのことを本人と相談しましたか」と尋ねます。本人に相談していない場合が多いからです。大抵の場合、相談の場は持たれていても本人不在なのです。この本人不在の話し合いは、会議のやり方で禁じ手と位置づけた「陰口」に該当します。だれかが話しすぎるということの背景には、他の人が話さなすぎるということが隠れているかもしれません。場の問題というのは、だれか一人が行動を改めれば急に解決するというようなことは、あまりありません。

まずは、その人のことを「ちょっと話しすぎる人だな」と感じた人と、話しすぎると思われている人が、直接話し合う必要があります。一対一で、率直に話せばいいのです。「あの人は話しすぎるな」と思ったときに、そのことを当人ではなく陰で別の人に話すと、「困ったあの人のことを、本人不在でみんなで話し合う」という奇妙な場ができあがります。そこで「こんなやり方をしたら、こう反応するんじゃないか」と、うまくコントロールしようという方向で話し合ってしまうのです。このような扱いは、仲間に対して無礼ではないでしょうか。

ただ、率直に話し合うとはいっても、人の行動を指摘するような話し方は難しいものです。なかなか言い出せない気持ちは、よくわかります。ほっぺたにごはんつぶが付いているのだって、相手によっては言いにくいものです。

そんなときは、その人が話しすぎることで自分がどう困っているのかを、まず自分のなかではっきりさせてください。仮に感情的にいらいらするということがあったとして、そのいら立ちをぶちまけても相手を驚かせるだけです。まず、感情の向こう側にある願いを明確にしてください。どんな願いがあるから、その人が話しすぎると困るのでしょうか。

「会議に出てきた人みんなの声が聞ける場にしたい」
「古参のメンバーと新しいメンバーの垣根をなくして、みんなでつくり上げる活動にしたい」

さまざまな願いが出てくると思います。当人と話すときには、まずその願いについて、率直に伝えてみてはどうでしょうか。その人に行動を改めてもらうのではなく、問題意識を共有して、いっしょに会議の場をつくるのです。その人は、何も考えずにただただ話したいことを話しているのかもしれませんし、黙る人が多いので盛り上げたくて話しているのかもしれません。僕は率直に相手に話すということを長年実践しています。その経験からしみじみ思うのですが、相手の考えというのは、まっすぐに尋ねてみなくてはわからないものなのです。百パーセント想像した通りということはけっしてありません。

沈黙には、みんなが深く考えているために訪れる「必要な沈黙」と、何だかわからないけど静まり返ってしまう「意味のない沈黙」があります。

前者の場合、「ちょっと考えをまとめる時間を取りませんか」と、沈黙に意味を持たせると、場の輪郭がくっきりとして、やるべきことに集中できます。「それでは、いまから五分間、各自で考える時間を取りましょう」と時間を区切れば、沈黙していてもエキサイティングな場になります。時間切れになったら、自由な発言を再開してもらってもいいですし、わざわざ時間を取って考えたのですから、一人ひとりが順番に自分の意見を発表することから始めてもいいでしょう。

意味のない沈黙というのは、つまりいま何をしているのかわからない状態にあるために、結果として全員が黙ってしまっているというパターンです。だれかが発言中に黙ると、それだけで沈黙してしまいます。例えばこんな感じです。

「そうですね、注意して取り組めば大丈夫だと思います。ただ、もしもの場合を想定すると、う〜ん、やっぱりもうちょっと注意するっていうか……（このまま黙る）」

だれかの発言中に重ねて発言しない、ということに忠実であれば、どう考えてもまだこの人の発言中ですから、次の一言をみんな待ちます。発言者は途中で考えがまとまらなくなったようですが、次の一言をいうために考えているのか、それとも墜落してしまってもう話せないのか、沈黙だけではその区別がつきません。

「すみません、考えをまとめるので、ちょっとだけ待ってください」
「混乱してしまいました。後で改めて話します」

フェイドアウトするように黙らずに、こんな風に言って、他の人に順番を譲るといいでしょう。

もう一つ、発言の絶対量が少ないという悩みがあります。あまりにも発言が少なくて、会議にならないと感じるような場合です。こうした悩みを抱えながら場を支えるのは、とても骨の折れることです。

この悩みにも、背景には願いがあるはずです。その願いを共有してくれそうな人はいませんか。あるいは相手の話、みんなの話としてではなく、「会議でみんなが発言しないことで、どうしていいのかわからなくなって混乱している」という自分の悩みとして表現したときに、その悩みを聞いてくれそうな人はいませんか。

会議の場の問題を、会議の場で解決するのは難しいものです。こんなときは、非公式な相談の場を持って、あなたの願いや悩みを聞いてくれそうな人と、話し合ってみてください。それだけでだいぶ気持ちが違いますし、孤軍奮闘の状態から抜け出せます。非公式な相談の場を、よい場にすることで、そのことを通して会議の場にアプローチしていけます。

仲間を増やしたいと思いますか

「仲間を増やしたい」と思ったことはありますか。仲間が増えるというと、手放しで喜ばしいことのように思われがちですが、本当にそうでしょうか。

例えば、いつも五人で定例の場が運営されていたところに、新しく十人の人が加わって、十五人になったとします。通常、これはその場にとっては危機ともいうべき状況です。家族や職場を思い浮かべてみてください。急に人数が三倍にふくれあがったら、喜んでばかりはいられないはずです。丁寧につくってきた親密な場が、一時的に失われてしまいます。もちろんここを乗り越えていければ、強くて大きな場になるわけですが、乗り越えられないと空中分解してしまいます。

逆に、何かの加減で人数が減ってしまうこともあります。場を主催する組織の人数が減ったり、場への参加者の人数が減ったり、両方が同時に減ったりします。人数が減ってしまうと、前と比べてしまうので、どうしても寂しく感じます。こんなとき無理に「仲間を増やそう」と考えることはありません。まずは、人数が少ないことが悪いことなのか、対処すべき問題なのかどうかを冷静に見極めてください。閑散としているなど、見た目の印象に惑わされず、本来目指している場がつくれているかどうか、そこに注目してください。人数の話はその後です。また、参加者が減ってしまって、主催者側は問題だと感じていても、参加者側は「これくらいの人数がちょうどいい」と感じているという場合もあります。この場合、一回の場に集める人数を増やすのではなく、人数は少ないまま、場の数を増やした方がいいのかもしれません。

それでもやっぱり、もっと大勢の人に参加してほしいと思ったら、まずは目の前の場に対処すべき課題がないのか、立ち止まって振り返ってみましょう。人数が増えたときには立ち止まる余裕がなくなりますが、減ったときには逆に余裕が生まれます。いつもより〝解像度〟を上げて、丁寧に振り返ってみるといいでしょう。それが、新しく人を迎えるための準備でもあります。山あり谷ありです。

集客の前にすべきこと

活動の場が充実してくると、自然とそこに人が集まるようになります。弱っているときに無理に人を動員しても、結果につながりません。

わかりやすいので、お店を例に挙げて考えてみましょう。

まったく流行っていない飲食店があるとします。お客が少なく、このままではつぶれてしまいそうです。そこで、起死回生のため、ありったけの宣伝費をつぎ込み、新規のお客さんを呼び込みました。すると、チラシや新聞広告などを見たお客さんが次々とやってきて、急に忙しくなりました。しばらくすると、客足がだんだん遠のき、以前と同じか、それよりひどい状態になってしまいました。

この原因はなんでしょうか。答えは、お店の魅力が以前と同じだったからです。お店のメニュー、味、価格、接客、それらのバランスなどに、問題があったのです。

それでは、このお店は、どうすればよかったのでしょうか。

まず、現状のお店の課題を把握し、その改善に注力すべきでした。問題点を見極めて、数少ないお客さんにしっかり向き合い、リピートしてもらえるように努力すべきでした。「お客さんは少ないけれど、来たお客さんには気に入ってリピートしてもらえる」というところまでいってから、コストをかけて宣伝をすべきだったのです。そうすれば、きっと新規のお客さんの何割かは、お店を気に入ってリピートしてくれるので、来店するお客さんを継続的に増やすことができます。

お店が魅力に欠けているのに、広告を打って無理に集客するのは、その店の魅力のなさを、多くの人に体験させてしまうので、逆効果になります。

これはお店に限らず、どのような場でも同じです。人やお金を増やすことで解決できることと、できないことがあります。目の前の場の問題は、いまその場に関わっている人たちの問題が反映されています。それを解決できるのは、当事者だけなのです。

入会まではステップを刻む

それでは、どのようにすれば、自分たちの場の存在や魅力を伝えて、仲間を増やすことができるのでしょうか。

NPO★などの社会貢献団体によく見られるのですが、いきなり「入会」を勧めてしまう人がいるのです。初対面なのに、「入会しませんか!?」と声をかけてしまう。もしいまこんな勧誘をしているなら、見直しが必要です。

何かの集まりに出かけて行っては、すぐにチラシを配り、発言の機会を求めて「参加してください」と演説する。これは、街を歩いている人の肩をつかんで、「これ買わない?」と目の前に商品を差し出すのと同じことです。それでは商品は売れません。完全に逆効果です。

そんな強引なことをしなくても、安全に仲間を増やす方法があります。それは、「ステップを刻む」という方法です。

次ページ上のイラストは、初対面で「入会して」と声をかけられた人から眺めた、入会までのプロセスです。断崖絶壁です。「ちょっと興味がある」

★NPO
非営利活動を行う団体の総称。医療、福祉、教育、環境保全、災害救助、国際協力など、不特定多数の人間に寄与するさまざまな分野がある。狭義にはNPO法人を指す。Non-Profit Organizationの略。

仲間を増やすためのステップ

くらいの軽い気持ちでは、この崖は登れません。右ページ下のイラストは、ステップを刻んでいます。頂上に着くまでに何段か登る必要がありますが、一段一段は登りやすくなっています。時間はかかりますが、これなら上まで登ってきてもらえそうです。

ここでは、「里山保全★をしている団体が仲間を増やす」という想定で、考えてみましょう。

頂上は「入会する」というステップです。入会すると、定例の保全活動、地域への啓発活動のほか、運営会議への参加など、さまざまな活動に参加することになります。充実感はありますが、楽しいことばかりではありません。初対面の人がいきなり参加するには、ハードルが高すぎます。

一方、一番下のステップは、興味がある人にとって、魅力的で手軽なステップである必要があります。例えば、里山での親子で参加できる自然観察会や、ピクニック企画のようなものです。里山保全という活動からみると、自然観察やピクニックは、ほんの入口程度ですよね。どちらもだいたいどんなことをやるのかイメージできる上に、お客（参加者）の立場で気軽に参加できる場です。入会してほしくても、それには触れず、まずこうした「入口の場」

★ **里山保全**
人の住む里に近い山の生物多様性の維持、再生のための取り組み。

を設定して、そこに誘います。

二段目のステップには、例えば、午前中は草刈りなどの保全活動をして、午後は食事会があるような、活動の「お試し」ができる企画がいいでしょう。

入口の場を設定する際に、注意してほしいことがあります。それは、本来の活動につながる要素をちゃんと入れるということです。例えば、豪華賞品が当たる福引きや有名芸能人が来るトークイベントのような内容だと、大勢の人が集まるかもしれませんが、本体の活動への興味と関係なく人が集まっているために、次のステップに進む人は極端に少なくなります。著名人に依存して集客して失敗、というのはよくあるパターンです。

僕がプロデュースにかかわった数千人規模の地域イベントがありました。一般市民に、NPOや地域活動団体について知ってもらい、それぞれの団体につながってもらうためのイベントで、多くの団体がブース出展したりワークショップを開催したりしていました。

そこに、ご当地アイドルが来ることになりました。ふつうに呼ぶだけだとよくある失敗パターンをなぞってしまうので、策を練りました。

アイドルグループのメンバーには、衣装に着替える前に、会場を時間をかけてまわってもらい、コンサートの際には、気になった団体やブースをまわった率直な感想を話してもらえるよう依頼しました。彼女たちの口から気になる団体を語ってもらうことで、彼女たち目当てでくるファンの人たち（大勢いました）に、自然な流れで興味を持ってもらえないかと考えたからです。

彼女たちは、NGOのブースで雑貨を買って「かわいいのがありました！」と紹介したり、感想を述べたりしてくれました。また、子どものための冒険あそび場をやっている団体を取り上げて、「わたし、子どもの頃、何度もあそびに行ってました。覚えてますか？」とステージ上から団体に呼びかけたりして、思わぬ団体に注目が集まり、地域団体の多様さを感じてもらうことができました。

また、このイベントの参加団体には、ブース出展に際して、各団体ごとの「入口の場」を考えてきてもらいました。それと同時に、来場者を次のように分類しました。

Aランク……ブースのすぐ前まで来て、立ち止まってくれる人
Bランク……ブースの前で、こちらに視線を投げかけてくれる人

Cランク……ブースの前を素通りする人

「ランク」などというと来場者を物色しているかのような印象があるかもしれませんが、その団体との相性のランクという意味です。各団体には、Aランクと Bランクの来場者に対して積極的にアプローチするようにしてもらい、Cランクの来場者には無理に声をかけないように注意しました。素通りする人を無理に呼び止めたりすると、歓楽街の悪質な客引きのような様相を呈して、感じが悪いからです。

また、各ブースはちょっと離れたところから見ても、どんな団体なのかがわかるように工夫してもらいました。来場者には詳しい会場マップを配布して、どのような団体がどこにあるのかわかるようにしました。

そして、アプローチする際にも、〝いきなり入会〟ではなく、ハードルの低い入口の場の紹介に注力してもらいました。団体それぞれに、参加しやすいイベントを計画してそのフライヤーを配布したり、無料のメールマガジンへの登録をお願いしたり、アンケートに協力してもらう際に案内ハガキ送付の許可をもらったり、いろいろ工夫していました。その結果、「お試しイベントに来場者が参加してくれた」「他の団体とのコラボが実現した」「一般企業から取引をもちかけられた」など、今までにないさまざまな成果が上がりました。魅力はあっても、それが可視化され、表現されなければ、伝わりません。各団体にとっては、一つひとつのブースが、場づくりの対象だったわけです。

多くの団体が集まる大規模イベントを例にあげましたが、小さな場でも考え方は同じです。入口の場は、参加者にその先の活動とのつながりを感じてもらえるように工夫することを忘れないでください。

「入口の場」の参加者には、必ず「次の場」の告知をして、そこに来てもらえるよう働きかけます。次の場への導線が保たれているか、流れは自然か、注意が必要です。

こうしてステップを刻むと、階段を登るごとに人数が減っていきます。人数が減るのは当然ですから、「減ってしまった」と悲しむ必要はありません。人が減ったのではなく、濃いメンバーが残ったのです。何パーセントの人が次のステップに進んだのか、各ステップごとに数字で把握して、極端に低いところがあったら、そこは改善が必要です。

これは、自分たちの考え方・やり方を、順を追って伝えていくプロセスでもあります。参加するのかしないのか、それを相手がきちんと選択できるようにするのです。

「自分たちはよい活動をしている」という奢りのようなものがあると、〝いきなり入会〟というような強引な方法に走りがちです。あなたにとって「よいこと」でも、他の人にとっては「どうでもいいこと」かもしれません。この意味がわからない状態を独善といいますが、十分に気をつけたいところです。

関わり方を確認すればお互いが自由になれる

あるコミュニティカフェのコンサルティング★に入ったときのことです。そのカフェには、大勢のメンバーがいました。そのメンバーに、主催者として関わりたいのか、それともお手伝いの協力者として関わりたいのか、改めて尋ねたのです（107ページ参照）。その結果、内側と外側に分かれました。

★コンサルティング
企業などからの専門的な相談に応じたり、企画・立案を手伝う業務。

印象的だったのは、関わる時間の長い人のなかにも、外側で協力者としてやりたいという人（Aさん）がいたこと。そして、忙しくてごく限られた時間しか関われない人のなかにも、内側でメンバーとして意志決定に関わりたいという人（Bさん）がいたことでした。

Aさんは、「活動には関わりたいけど、話し合って意志決定をするというのは、ちょっと負担でした。でも調理は大好きだから、いままで通りやりたいです。だから、困ったときはいつでも呼んで」と笑顔になりました。

一方、Bさんは、こう言いました。

「私は関われる時間が短いのが申し訳なくて、いつも負い目を感じていました。会議でも、自分なんかが意見を言うのは違う気がして、いつも黙っていました。そのことで、かえってみなさんに気を遣わせてしまっていたんですね。でも、組織のメンバーというのがどういうことなのかわかったので、これからは会議では自信を持って意見を言いますし、自分も一員なんだと胸を張れます」

なんとなく「みんないっしょにやりましょう」と運営してきたのが、結果的に一人ひとりを縛ってしまっていたという例です。組織運営をしている人には、示唆的な例ではないでしょうか。

このような「組織の一員」「協力者」などの立場を確認し、改めて選び取る機会を持つと、組織をリフレッシュすることができます。また、関わる時間や経験の長い・短いとか、年齢の上下とか、そういうことに惑わされなくなります。メンバーか否か。立場がわかると、お互いが自由になれるのです。

場を整えてエネルギーを充填する

場づくりには、組織をつくったり、会議を設定したり、単発や継続の場を開いたりというような、「つくる」側面があります。それと同時に、場を「整える」という側面もあります。これがわかると、場づくりがやりやすく、楽しくなってきます。

寺院の境内に、掃き清められた庭があり、凜とした雰囲気が漂っていることがあります。一方で、うち捨てられたような庭からは、荒れたエネルギーを感じます。

ここで「雰囲気」とか「エネルギー」と呼んでいるものは、目に見えません。それでも「なんだか落ち着く」「殺伐としている」というような感想を持つのは、そこから「何か」を感じ取った証拠です。こうした目に見えない要素を扱うことは、場づくりにおいてとても大きな意味を持っています。

例えば、会議の机です。きれいに配置してある場合と、ぐちゃっとしている場合では、場のエネルギーが違います。もちろん、ちゃんと整えてある方がいいわけです。和室などで、座り机と座布団を並べるようなときも同じです。座布団をフリスビーみたいにまき散らさず、丁寧に布置します。

机や座布団をきれいに並べようとすると、一瞬そのことだけに集中することになりますよね。この瞬間、その場にエネルギーが充填されます。

旅館の玄関などに美しくスリッパが並べられていると「いらっしゃい、さぁどうぞ！」と言っているかのようです。一方、足先でちょちょっと揃えたスリッパ（両手がふさがっているときなどに横着をして足先でちょちょっと……）は、ただ、そこにあるだけ。一瞬でも集中して置かれたものと、そうでないものからは、違うエネルギーを感じるはずです。

置き手紙、手づくりのお弁当、机の上、お箸、ハンガーにかけられた洋服など、もしそれらのものが凛とした空気をまとっていたなら、それをそこに置いた人のエネルギーが込められている証拠です。

これらに気づき指摘できるレベルは、ちょっと上級編です。でも、一つひとつには気づかなくても、そこにいる人はやがて「なんだかここは感じがいいな」と思ってくれるでしょう。

そういう意味では、集中して掃除をするだけでも、場づくりになるのです。新しいテーブルに買い替えるとか、調度品を揃えるということではなく、いま目の前にあるものを整えて、エネルギーを充填するわけです。

こういうことを心がけていると、集中のなかで「あ、これはここになくていいな」とか「ここに何か置きたい」と気づくことがあります。そう思ったら、理屈で考えず、ぜひそれを試してみてください。

このように場づくりには、「整える」という要素があります。掃除なんて苦手だなとプレッシャーを感じてしまう人は、範囲を限定してやってみるといいですよ。会議を開くたびに、窓から見える庭を掃き清めてなどいられませんよね。それでも、机の上をきれいに拭く。資料をきれいに揃えて置く。心を込めてお茶をいれる。それだけでも変わります。「ビフォア／アフター」

の落差を、ぜひ体感してみてください。コツは楽しみながらやれることから始めることです。

長く続いた活動に活力を取り戻す

活動が長く続くと、オートマチックに活動できるようになります。特に何も考えなくても、やることは決まっているし、やり方も決まっている。淡々と、当たり前のように、同じことを自動的にやれてしまう。関わる人たちだけが、少しずつ年をとっていく。これは、一つの達成なのですが、それでもだんだんエネルギーが落ちてくることがあります。

一人ひとりが活動のサイクルに組み込まれ、部品のようになってしまっているのです。これは洗練されているからこそできるのですが、人間は変化していきます。その変化に対応するように全体を変えないと、活力が失われていきます。活動する人の内面と活動の場が、合わなくなってきてしまうからです。例えば普段、いくつかのセクションに分かれて活動していると、その質を高めることに全員が集中していて、セクションそのものの必要性を検証したり、別のやり方を考えたりという機会をなかなか持てません。そのため、「このセクションは役目を終えたから、終了しよう」とか、「いままではやっていなかったけど、新しい分野の活動も始めよう」というような、活動全体の形を見直す話し合いができずに、結果として「同じことを淡々と繰り返す」「繰り返しのなかですり減り、活力が失われる」ということにつながります。

それでは、どうすればいいのか。一つには、「活動を俯瞰する場を持つ」という方法があります。僕がよく勧めるのは「合宿」です。普段の活動の場を離れて、日常の活動のなかでお互いが感じていること、やっていて熱意が感じられなくなったこと、新たにやりたくなったことなどを、じっくり話し合うのです。「活動方針」のような、活動の根幹に関わることを話し合うのにも向いています。

泊まりだとハードルが高く感じるかもしれませんが、合宿はとても効率的です。まず、全員がいるので、そこでどんなことでも決められます。普段なら何度も会議を重ねて決めるようなことを、その場で決定までもっていくことができます。

合宿が無理でも、朝から夜まで一日会議室を借りて集まるとか、三夜連続で会議を設定するとか、いろいろ工夫できます。ポイントは、①日常の活動の場を離れて、②全員で、③集中的に話すこと。

「日常の活動の場を離れる」というのは、会場のことです。いつも会議が開かれている会場に集まると、「いつもの感じ」になってしまい、日常的な活動のエネルギーに巻き込まれてしまいます。別の会議室を借りるなどして、工夫してください。活動を俯瞰するには、いつもの場所を離れるだけでやりやすくなります。

この「渦中で考えない」という方法は、さまざまなことに応用できます。家庭の問題を話し合うなら家ではない場所で話す、お店の問題を話し合うならお店ではない場所で話すなど、ちょっとした工夫ですが、課題解決の手助けになります。

活動は長く続けなくていい

僕が代表をしているNPOは、二十年以上の歴史があります。長く活動を続けているからこそ得られる成果もありますが、長く続けること自体にはそんなに大きな意味はありません。問題なのは「活動を長く続けなければ」という思いから、萎縮して活動そのものを始めることをためらったり、必要な変化を起こせなかったりすることです。

これから継続的な場づくりを始める人にお勧めしたいのは、期間限定で場を立ち上げる方法です。例えば「二年間はやる」と始めに決めます。そして、一年半が経過した時点で総括会議を開き、その後で、

・そのまま活動を継続する
・活動内容を変更して継続する
・活動をやめる

という判断をするのです。

こうすることで、活動を始めやすくなります。「二年間はやる」と宣言して始めますので、二年後にやめても宣言通りです。続けるならば「いい活動なので続けることにした」と言えばいいだけ。とっても気軽だと思いませんか。

活動をなんとなく続けるのではなく、改めて選択する機会を持つと、気持ちを新たにすることができます。

活動の成り立ちに立ち返る

歴史のある活動で、しかも毎年同じことを繰り返していて、それが負担になっている。町内会・自治会やＰＴＡなどにもよく見られるパターンです。それでも「大変だからといって、自分の代でやめるわけにはいかない」と、みんながんばります。あるいは、がんばらなくていいように、できるだけそういうポストから逃れようとします。

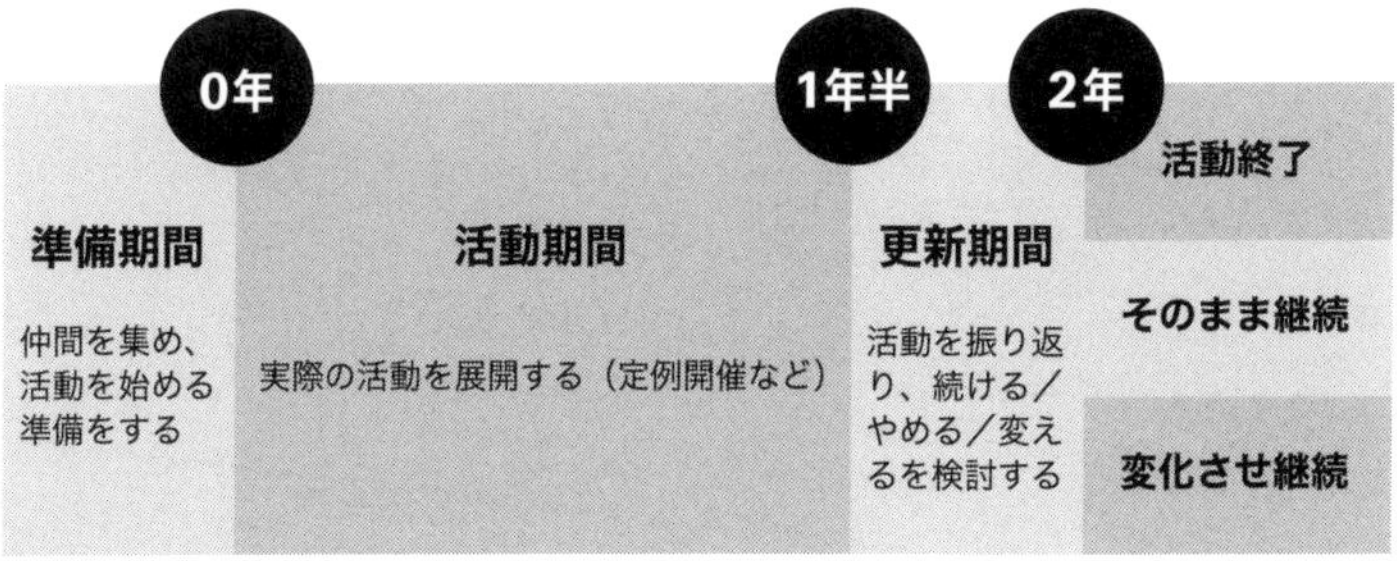

活動期間の区切り方（2年間の場合）

活動の場を維持することの負担感が大きく、何の意味があるのかわからないから、変えてしまいたい。でも、「負担が大きい」というだけの理由で、歴史ある活動を変えてしまってもいいのでしょうか。
「負担が大きい」というのは、考慮されるべき事案です。でも、変えるためには不足があります。長く続く活動を終わらせたり、変えるためには、ある条件を満たす必要があるのです。

それは、その活動の成り立ちや歴史を、客観的に把握することです。長く続く活動が形骸化することはよくあることですが、その形がつくられた当時には、その目的があり、思いが込められていたはずです。まずそれを発掘して、把握するのです。

僕は学生の頃、地域で長く続く教育運動に参加し、ある時期からさまざまな改革を行いました。その際には、古い文献を当たったり、活動の黎明期のスタッフを訪ねて、話を聞いたりしました。
「ここは意味がないから変えたい」と思っていた部分が、じつはとても大切で、自分の理解が不足しているために「意味がない」と勝手に思い込んでいたことがわかりました。意味を知らないから、意味がないようなやり方をしてしまっていて、「意味がない」と思い込んでいたのです。

他にも「この部分はもういまの時代には合わない」とか、「この部分については、改めて作り手側で議論しなくてはならない」と思えることもありました。成り立ちを学ぶことで、はじめて自分が、その活動の本当の主体になれました。

ここまで来れば、自信を持って、必要な変化を起こすことができます。

「感じたこと」と「考えたこと」の違い

場づくりは、それを始めようとするときも、会議などで仲間とやりとりをするときも、本当に思っていることが大切です。いつもそこから始めて、なにかあればそこへ立ち返る。でも、本当に思っていることというのは自分の内側にあり、目で見たり手で触れることができません。ときには「わたしが本当に思っていることってなんだろう?」と混乱してしまうこともあるでしょう。

ここで、自分の内側をスキャンしていくための視点を紹介します。その視点とは、「感じたことと考えたことを分ける」というものです。これは視点ですから、「こう考えましょう」というような考え方ではなく、ものの見方、認識の方法です。一人のときにも、仲間と話し合うときにも使えます。

まず、「感じたこと」のグループには、感情や身体感覚が入ります。感情は、喜怒哀楽などのわかりやすいものから、もっと微妙な言葉化されない未分化な感情の波までが含まれます。感じたことのすべてが言葉になるわけではなく、ほんの一部が言葉になります。これはつまり、言葉にならなくても存在している感じたことが、人の内面には膨大に存在しているということでもあります。

身体感覚も同グループです。五感と言われる感覚は、すべて感じたことに含まれます。みぞおちのあたりが重いとか、背中が詰まった感じがするとか、頭が痛いなども、す

	感じたこと	考えたこと	
自分で選べない	感情 身体感覚 〜したい／〜したくない 快／不快	思考 意志・判断 〜すべき／〜すべきでない 善／悪	自分で選べる

感じたこと考えたことの違い

べて感じたことです。

一方、「考えたこと」のグループには、思考や判断が入ります。思考は、論理的に結論を導き出したり、計算したりするときに使われます。判断すること、つまり何かの意志決定をするのも、同グループです。

感じたことのものさしは、快―不快（やりたい―やりたくない）でできています。これに対して、考えたことのものさしは、善―悪（～すべきか―～すべきでないか）でできています。

この感じたことと考えたことの二つのグループには、ある決定的な性質の差があります。それは、考えたことが自分で選べるのに対して、感じたことは自分で選べないという点です。

比喩ですが、心が壺のようなものだとします。中を覗くと、すでにそこには感じたことが入っています。自分の都合で入れたわけではないのに、気づいたときにはもうそこにあるのです。このように、感じたことはその人の内面に存在しているのに、その人が意識的に選択したものではないという性質があります。

一方、考えたことは自分で選べます。それは、自分の選択そのものです。

もちろんだれかの強い影響下にあったとか、いろいろな事情はあるでしょうが、だれも本人の代わりに判断することはできません。だれかの判断に完全に依存している場合でさえ、「この人の判断に依存しよう」と最後に決めるのは本人です。

例えば、あなたが「きょうは会社に行きたくない」と思っているとします。このことに「感じたことと考えたことの違い」という視点でアプローチしてみましょう。

「行きたくない」というのは、「感じたこと」です。ちょっと困ったシチュエーションですが、こう感じること自体はどうしようもありません。自分が選んだわけではなく、気づくと「行きたくない」と感じていたのです。

さて、それではどうするのか、ここで「考えたこと」の出番です。「行きたくない」と感じたとしても、会社に行かない、もしくは、がんばって会社に行くという二つの選択肢があります。

行きたくないから、実際に行かないことによる不利益を承知の上で、「行かない」と決める。または、行きたくないという気持ちがあまりにも強すぎて、「行けない」と判断する。あるいは、行かない不利益を考慮した結果、行きたくないけれど、「がんばって行く」と決める。感じたことを把握した上で、「考える」というプロセスに進み、「行く／行かない」を選択します。「行きたくない」と感じながらも、きちんと考えて「行く／行かない」を判断をせずに、惰性的に出社するというパターンもあります。結果的に会社に行っていても、「行きたくないな……」と感じながら漫然と働くのと、「行きたくないけど、いまはがんばって行く」と決めて働くのとでは、だいぶ違います。

後者は、自分の責任で判断していて、働くことに主体的な在り方を保てています。それに対して、前者は主体を保てておらず、客体化してしまっています。

感じたことを尊重して考えるという姿勢は、人を主体的にします。感じたままにふるまえばいいということではなく、それを尊重した上で、選択する、という意味です。目の前の状況には対処するしかありませんが、選択は自由です。

感じたことというのは、受け入れる対象です。例えば、感想会の場で、「わたしはこう感じました」という声が出てきたら、受け入れるしかありません。

それは、客観的なデータのようなものだからです。だれかの感じたことが、本人や周囲に不都合なものだとしても、それはどうしようもないこと。受け入れた上で、個人として、組織として、どうするのか考えます。

また、感じたことは、批判や議論の対象ではありません（感じたことに基づいてとった行動は別です）。考えたことは議論の対象になりますが、感じたことを否定しても、どうにもなりません。考えたことへの否定的な意見は、その人の意見の一部に対する否定ですが、感じたことへの否定は、いわばその人そのものへの否定です。

感じたことを話しているのに否定したり、否定されるのが嫌で感じたことを話さなかったり、そうしたことはよくありません。でもそれでは、場づくりにおいてもっとも大切な「本当に思ったこと」が疎外されてしまいます。感じたことと考えたことの性質をみんなで理解していると、やりとりがとてもスムーズです。感じたことを扱っていても、感情的なやりとりではなく客観的な態度を確立できます。客観性は、場づくりにおいてとても大切です。

とはいえ、四六時中「これは感じたことかな？　それとも考えたことかな？」などと思っていては会話になりません。議論していてうまくかみ合わないときや、何か大きな決断をするときなどに、「感じたことと考えたことの違い」に立ち返ってみてください。進むべき道が見えてくるはずです。

6 場づくりは いつも自分の内側から

場づくりをするということは、いまこの世にないものをつくり出すということです。世の中にはないけれど、自分の内側には思いがある。これが場づくりの必要感です。用意された社会のなかだけでは収まりきらない思いは、その人のはみ出した部分でもあります。

その「はみ出し」を生かすも殺すも、本人次第です。周囲に期待しても始まりません。場づくりの方法や考え方については、第五章までに順に示してきました。この章では、それを活かすための考え方、個人と社会の関わりについて、深めていきます。場づくりに取り組む人が直面するであろう精神的課題に対して、どのような対処法があり得るのか、社会との関係のなかでまとめました。

あなたはすでにはみ出している

「はみ出す」などというと、なんだか後ろからパトカーが来て止められそうですが、過剰に恐れずに、客観的に考えてみてほしいと思います。別に法を犯すとか、人を欺くとか、悪事を働こうというのではないのですから、はみ出しても大丈夫です。自分のはみ出しを、社会と関わるとっかかりにするのです。

自分のはみ出しをネガティブに捉えてしまうと、元気がなくなり、動けなくなってしまいます。自分には居場所がないとか、世の中はわかってくれないとか、友達が少ないとか、そんなことを言っていてもどうしようもないと思うのです。それに、どこかにきれいに収まっているように見える人たちも、もしかしたら、居心地の悪さや葛藤を抱えて、本当の自分を発揮できずにいるのかもしれません。場づくりをするなら、他人と比べる思考を一度停止して、自分の内なる豊かさに目を向けることが大切です。

一人ひとりのはみ出した部分は、場へと昇華させることができます。その場を求めている人が、きっとどこかにいるはずです。気に入られようと相手に合わせるのではなく、あなた自身の思いを丁寧に表現して、相手が選択できるようにしてください。配慮を装って自分の思いを引っ込めてしまわずに、ちゃんと示しましょう。

常識を吟味して自分で決める

自分の思いを示すときに、さまざまな障害があります。障害といっても、行く手をふさぐバリケードのようなものではなく、自分次第で迂回できるのですが、多くの人がこの障害にひっかかり、実際にあきらめてしまいます。

それは、常識とか社会通念と呼ばれるものです。これらに強く囚われていると、「こんな場をつくりたい」と思っても、すぐに「でも、変わったことをしていると思われるかもしれない」という気持ちが出てきて、躊躇してしまいます。そんなことは気にせず自由にやればいいのです。ここでは常識や社会通念にどのように関わっていけばいいのか、整理しておきましょう。

「社会通念に照らして判断する」という言い回しがありますが、社会通念というのは、法律のように明文化されたものではありません。まるで確固たる存在のようですが、時代の流れと共に変容するかりそめのものです。そのため、「この人の考え方なら必ず社会通念に適合している」という人はいません。

また、多くの場合、だれかの常識は、他のだれかにとっての非常識で、逆もまた然りです。「そんなの常識だろ！」というツッコミが成り立つ所以です。

常識とは、実際には非常に多様です。

誤解しないでほしいのですが、何も、社会通念や常識を無視しようとか、反社会的な行動をみんなで取ろうとか、そういう幼稚で大雑把な話ではありません。また、〝変わり者〟を気取るというような、自己充足的なこととも違います。それがよくあるものであれ、変わったものであれ、大切なのは「自分の責任で選択する」「自分の考えを持つ」ということです。

場づくりをしていて、もし「〝常識〟からはみ出しているかな……」と気になったら、その常識を吟味する必要があります。「そんなの関係ない！どうでもいいよ！」ではダメです。なぜなら他ならぬ自分自身がすでにそれを気にしているのですから。

常識の吟味というと、ソクラテスを想起せずにいられません。紀元前四七〇年頃にアテネに生まれた人で、当時のアテネ市民がごく当たり前のこととして捉えていた社会通念を、丁寧で率直な対話によって吟味にかけました。

目の前の〝常識〟が順守すべき考え方なのか、それとも違うのか。それをまっすぐに問うことを通して、自分の意見を持てるのです。

吟味のコツは、解像度を上げて捉えてみることです。目の粗いぼんやりとした低解像度の画像で「できそう／無理そう」となんとなく判断するのではなく、きめの細やかなくっきりとした高解像度の画像を見ながら考えます。

そうすると、一塊の「これはダメ」となっていた物事でも、「このままではやっぱりダメだけど、この部分に配慮すれば、問題なくできる」というようなことが出てきます。例を挙げましょう。

「飲食禁止」の会場で、飲食がしたいとします。「この会場は飲食が禁止だ」というのが、目の粗い状態での真実です。さて、それにしても、なぜ飲食が禁止なのでしょうか。解像度を高くして吟味してみましょう。

きめ細かく見ていくと、床に絨毯が敷き詰められており、簡単には掃除ができないことがわかりました。飲食が禁止されていたのには、相応の理由があったのです。さらに細かく見ていくと、控え室の床はリノリウムだということがわかりました。ここなら、雑巾がけだけで床をきれいにすることができます。ここまで来ると、そろそろ対処法も見えてきます。

「飲食をするときだけ控え室を使って、それ以外の時間を広い絨毯の部屋で過ごす」という解決策です。これなら、利用を許可してもらえるかもしれません。やりとりの内容も大きく変わります。

【目の粗い（低解像度の）やりとり】

あなた「飲食がしたいです」
管理者「飲食禁止です」
あなた「どうしても飲食がしたいです」
管理者「飲食禁止です」

【目の細かい（高解像度の）やりとり】

あなた「飲食がしたいです」
管理者「飲食禁止です」
あなた「絨毯の床で掃除ができないからですか？」
管理者「その通りです」
あなた「控え室の床はリノリウムです。そこでだけなら許可してもらえませんか？」

もちろん、結果はわかりません。「控え室なら掃除はできるから、きれいに使ってもらえるならいいですよ」と言われるかもしれませんし、ロボットのように「飲食禁止です」という答えしか返ってこない場合もあるでしょう。でも、「禁止」という一塊の事象も、きめ細かく捉え直してみると、可能性が開けます。

吟味の結果、「確かにその通りだ」と思えば、それを尊重して行動すればいいですし、「そう思う人もいるのはわかるけど、自分は違う」と思うなら、その社会通念に距離を置いて自分の考えで行動します。こうすることで、社会性を保ちながら、安易に流されず、主体を維持することができます。

常識や社会通念は、動かし難いものではありません。盲信せず、一度相対化することで、自分なりの考えを確立していくことができます。

他者の期待に応えなくていい

常識や社会通念は、さまざまな形態をとります。なかでも他者からの期待という形をとると、客観性を失って絡め取られてしまう人が多く、自分らしい場づくりの阻害要因になります。


「理想はそうでも、現実は甘くないよ」

「もっと経験を積んで、それからでも遅くはないよ」

「それなら、まず何か関係する資格を取ることから始めたら？」


場づくりに取り組んでいると、こんな声が聞こえてくることがあるかもしれません。僕も若い頃は、このような声に悩まされた経験があります。

その声は、どこから来ているでしょうか。あなたのご両親や家族でしょうか。友達や恋人でしょうか。それとも、職場の同僚でしょうか。地域の人たちでしょうか。それともあなたの内側、つまり、あなた自身が投げかける言葉でしょうか。

期待というのは、期待される人ではなく、期待する人に属しています。「あの人にこういう生き方を選んでほしい。こんなことはやめてほしい」という類の期待は、自分らしく生きようとする人に直面して、心が動揺しているに過ぎません。期待し、相手の行動を変えて動揺を抑えるのではなく、自分の問題として対処すべき事柄です。

また、期待は身近な人から向けられるものとは限りません。

「地域のみんなが気楽に来られる居場所にしてほしい」

「貧困家庭の子どもの希望になるような場であってほしい」

「困ったときにはいつでも無料で行ける場にしてほしい」

場づくりをしていると、このような期待にさらされることがあります。常人以上の健全さ、万能性、知恵と力、精神力を期待されるのです。

こんな期待にいちいち応えていると、すぐに消耗してしまいます。「地域のみんなが気楽に来られる居場所にしてほしい」なんて、もっともらしい要望のようですが、このような万能な場をつくることが、本当にできるのでしょうか。そもそも、そう思う本人が自分でつくればいいのです。

期待や要望に触れて、それをあなた自身が「やりたい」と思えば、それに取り組めばいいわけです。期待に応えるという筋道ではなく、自分がやりたいからやるという筋道をキープしないと、場のアイデンティティが疎外され、自分も消耗します。

善いことだからやるのか、やりたいからやるのか

地域での場づくりを推進するための講座やワークショップが、各地で開かれています。多くの場合、地域のニーズや課題を調査し、それに応えるために場をつくるという筋道が示されます。

僕は、地域のニーズよりも、自分の（つまりあなた自身の）ニーズに向き合うことの方が、ずっと重要だと考えています。地域課題の解決というのは、行政や研究者の文脈です。間違っていないのですが、僕は研究者ではなくプレイヤーですから、違った見方をしています。

自分のニーズというのは、個人的領域に終始する欲望のことではなく、「こういう場を人と共有したい」という個人のなかにある思いのことです。「それは地域課題ですか」と尋ねられても、「はいそうです」とは答えにくいかもしれません。

みんなが「これは地域課題だ」と思うようなことというのは、すでに認知された地域課題です。しかし、認知されていない地域課題というのもたくさんあります。そのような潜在的課題は、まずだれか一人の思いとして出てくる場合がほとんどです。それが出てきた時点では、それは地域課題や社会課題ではなく、一個人の思いにしか見えません。

そもそも、場づくりの現場では、認知は後追いになりがちです。最前線では、言葉は後からついてきます。目の前の問題にやむにやまれず対処しているうちに、それが社会的規模での課題だと浮かび上がってくるのです。ですから、地域や社会の一員である自分のニーズを、大切に扱って場をつくるというのは間違いではありませんし、それがメジャーな地域課題に該当しなくても、まったく問題ではありません。最前線はそういうものです。

認知された地域課題、社会課題は、それを解決することが「百パーセント善いことだ」と短絡されがちです。しかし、物事には常に両面があり、解決すればまた別の問題を呼び込むこともあります。

特定の地域に注目が集まり支援が集中することで、他の地域への支援が手薄になることがあります。ある課題があることで商売が成り立っていたのに、その課題が解決されることで仕事がなくなってしまう場合があります。正しさとは、どこにあるのでしょうか。これらのことに美しい正解は存在しません。でも、自分なりの意見を持つことはできるはずです。あなたはその活動を、なぜやるのでしょうか。善いことだからですか。それともやりたいからですか。これに答えないと場づくりができないということではなく、その逆です。このような問いを持ち続けること、キープしておくことは、客観性を失わないために大切です。

借りものの安易な答えではなく、良質な問いを中心に据えると、等身大で力強い活動の場をつくり出すことができます。

迷ったら自分の内側に戻る

場づくりをする人には、本当に思っていることを言うというシンプルなことを、いつも忘れずにいてほしいと思います。心にもないことは言わない。これは一般に言われているよりも、はるかに重要なことなのです。

本当に思ったことを言うためには、自分が何を感じ、何を考えているのかを、自分自身の内側で探らなくてはなりません。目先の評価に囚われていたり、本音と建前がこんがらがって、自分でもどちらが本当かわからなくなったり、場づくりをしているといろいろなことがあります。

仲間を信じられなくなることもあるでしょう。本当は自分自身を信じ切れなくなっているだけなのですが、それも自分の内側に目を向けなくては気づけません。

迷ったら、自分の内側まで戻ります。深呼吸して、空っぽになって、自分の内側に帰ってきます。そして、そこにあるものに気づくのです。これだけで、「場づくり」になります。というより、これが場づくりなのです。

場づくりは、いつも自分の内側から始まります。まず、自分の内側を整えるのです。そうすると、身の回りも自然と整います。波紋のように、あなたを中心として場が広がっていきます。日常のさまざまな場面でも、本当に思ったことを言うだけで、場が変わります。

「本当に思ったことを言おう」というメッセージは、いまの日本のスタンダードから外れているかもしれません。そのため、実際にそうすることに抵抗を感じる人も多いでしょう。

本当に思ったことを言うも言わないも、自分の選択です。僕はそれを言うことで得られる可能性を示しましたが、当然のことながら、最後は自分の判断です。でも、「本当に思ったことを言う」ということを、丁寧に実践してきた者として、お伝えしたいことがあります。

仮にですが、あなたがいままで「本当に思ったこと」を言わずに生活してきたとしましょう。その人が本当に思ったことを言うようになると、いろいろな変化が起こります。その結果、だれかと距離ができたり、あなたの元を去って行く人がいるかもしれません。しかしその一方で、新しく出会ったり、急に距離が近くなる人も出てくるでしょう。「本当に思ったことを言うあなた」にちょうどいい人と近くなったり、出会ったり、逆に合わない人は離れていったりするわけです。

何が起こっているのかわかりますか。これはつまり、あなたにちょうどいいように、世界が調整されたのです。

変化というのは、元気があって気持ちが前向きなときには、わくわくしますし、気持ちが下がっているときには不安なものです。人の気持ちは上がったり下がったりを繰り返すので、気持ちを前向きにするのではなく客観的に捉えることが大切です。正直に自分自身を発揮したときに起こる変化を「世界が調整されている」と捉えてみてはいかがでしょうか。外から変えられるのではなく、自分の力で変化を招いていくと、ぐっと自信もついてきます。

あなたの希望は社会の希望でもある

場というのは、それがないうちは、ただの想像でしかありません。想像した海と、実際に訪れた海は違います。知っている海でさえ、心のなかで想像するのと、ざぶざぶと海のなかに入っていくときでは、そこから得られる感覚というのは違うのです。それがもし、まだ見ぬ場ならば、その場ができて、その場に立ったときに得られる感覚、エネルギーというのは、まったく未知のものです。

もっと実験してみてください。深刻にならず、試しにやってみてください。結果が嫌だなと思ったら違うやり方に変えればいいのです。実は、場づくりに成功も失敗もないんです。ただ、結果があるだけ。終わった直後は、成功したとか失敗したと思うものなのですが、ある程度時間が経過すると、それらの価値は等価だと気づきます。大切なのはやってみること。もし何かを考えるのなら、行動しないために考えるのではなく、行動するために考えてみてください。

自分のはみ出した部分を大切にしてください。ありのままの自分を大切にしてください。あなただからできるあなたらしい場づくりに、楽しんで取り組んでください。場づくりは楽しいものです。半信半疑で、実験モードで、あなたの想像を越えた展開を楽しんでください。そこで得られる希望は、あなたの希望であると同時に、社会の希望でもあるのです。

おわりに　ありのままの自分で世界とつながろう

場づくりというのは、何のためにするのでしょうか。つながりをつくるため、居場所をつくるため、働きやすい職場にするため――あなたは何のために場づくりをしますか。

僕は、場づくりをありのままの自分で世界とつながるための手段だと考えています。場の豊かさとは、そこにいる人の豊かさです。そこにいる人たちのつながり方の豊かさです。

他人を演じるのではなく、一人ひとりが自分自身として場に存在できる。空気を読むのではなく、自分たちにとって居心地のいい空気をつくり出せる。それは突き詰めれば、ありのままの自分としてお互いが出会い、ありのままの自分として社会や世界とつながることではないでしょうか。

それでも、「変わらなければ！」という声が聞こえてきます。もっと学んで、違う自分にならなければ！　競争や闘いに勝って、生き残っていかなければ！　自分ではない自分にならなければ！　――それらは恐れです。

また、「他人を変えたい！」と考える人もいます。あの人を変えるにはどうすればいいのだろう。どう言えばわかってくれるだろう。かわいそうなあの人を、ダメなあの人を、どうすれば救ってあげられるだろう。

僕は、場づくりをしていて「他人を変えたい」と思ったら、罠にかかってしまったと思うようにしています。自分の都合で他人を変えたい、自分の思いで他人を変えたい、他人を変えることに正義を見出してしまう、危険な罠です。

そこには「変えなければならないあの人」がいるのではなく、「あの人を変えたい私」がいるだけ。あなたは、だれかの意図や思いによって、自分の内面を変えられたいと思いますか。僕は思いません。

「変わらなければ！　変えなければ！」

本当にそれでいいのでしょうか。

人にアイデンティティがあるように、場にもアイデンティティがあります。何と言われても、それらは尊重されなくてはなりません。それを尊重し、肯定することから、すべてが始まるのです。

変えられるのではなく、自分の思いで変えていくこと。自分たちの思いで、つくり出していくこと。どのように変えていきたいのか、その答えは一人ひとりの内側にあります。そして、答えを探るための手がかりと、変えていくための具体的な方法については、本書で示しました。


僕は〝スタンダード〟からずっと外れて生きてきました。自分らしく生きようとすると、スタンダードから離脱するしかありませんでした。自分で生き方を選んだというような勇ましいものではなく、やむにやまれずたった一つの選択肢を選びました。それでも、こうして生きてくることができました。ただでさえ変化の激しい時代です。既存の枠組みに無理してはまらなくても、人生はやっていけます。他人からどう思われるかなんて、そんなことどうでもいいのです。自分が自分らしくあることは、自分以外に取り組む人のいない大切な〝仕事〟です。あなたが放棄すれば、その仕事は永久に放棄されてしまいます。

世の中に自分の形をしたくぼみなどないのです。自分の居場所は、自分でつくるしかありません。

恐怖で他者を支配し、自分で自分を縛り付ける時代は終わりました。与えられた選択肢に満足できなければ、自分でつくることができます。あの先に行けば死んでしまうよと教え込まれた一線を、繰り返し繰り返し越えていくこと――。その先に、その人が本当にその人らしく呼吸できる場があるのではないでしょうか。

これからはじめの一歩を踏み出す人へ。

本書で、はじめの一歩をどう踏み出すのかを知ることができたと思います。どうするのか迷ったら、書くことから始めてください。励ましや次のきっかけが必要になったら、それが得られそうなところへ出かけていってください。巻末に示した僕のクラスやメールマガジンも、きっと助けになります。躊躇を感じたり、恐怖を感じたら、それはあなたが挑戦している証拠です。

また、本書の内容の一部は、あなたにとって少し先の課題です。動き出した後も、ぜひ折に触れてページをめくってみてください。新しい発見や、あなたの大切な初心に立ち返る機会になるはずです。

もう動き出している人へ。

気に入った方法があったら、ぜひ試してください。また、自分なりにアレンジしたくなったら、ぜひそうしてください。本書の内容は、「こうしなければならない」という類のものではありません。方法論はすべて、本質とつながって示されていますから、本質をつかんだら、あなたのやり方に進化させてください。

活動する人が気をつけるべきことは、「知っているかどうか」ではなく、「実行できているかどうか」です。長く活動を続けていると「知っていること」はどんどん増えますが、それが「実行できている」とは限りません。これは、僕自身の経験からの言葉です。

広くて深い場づくりの世界。書き切れなかったことも多々ありますが、まずは『場づくりの教科書』を送り出します。本書が活用され、だれかにとって本当に必要な場が生まれますように。

おさだ・てるちか
NPO法人れんげ舎代表理事。合同会社ファロルモ代表。まちだNPO法人連合会会長。1972年神奈川県茅ヶ崎市生まれ。1994年和光大学経済学部経営学科卒業後、同大学人文学専攻科教育学専攻に進学。教育学、心理学、身体論などを学ぶ。在学中より、町田の市民活動に学生ボランティアとして参加。まだNPO法人格も存在しない当時、卒業後に就職せず、社会活動を仕事にしたパイオニア的な存在。現在44歳だが、すでにこの道26年。1996年れんげ舎を設立。2002年にNPO法人化し、子どもの居場所づくり、カフェ経営、スイーツ通販など幅広い活動を展開。2010年より活動経験をコンテンツ化し、個人・団体への場づくり支援を本格化。組織コンサルとしても活躍。講師として年間80回以上の講演・セミナーを行う。メルマガ（月3回発行）購読者は1,500名を超える。自らも現場で活動するプレイヤーとして、「場づくり」の哲学とノウハウを発信し続けている。

▼長田英史ホームページ（場づくりのチカラ）
http://bazukuri.jp/
※「場づくり」は、NPO法人れんげ舎の登録商標です。

場づくりの教科書

2016年9月13日　初版第1刷発行
2019年12月20日　　第3刷発行

著者――――長田英史

発行者――――相澤正夫
発行所――――芸術新聞社
〒101-0052
東京都千代田区神田小川町2-3-12
神田小川町ビル
TEL 03-5280-9081
FAX 03-5280-9088
URL http://www.gei-shin.co.jp

印刷・製本――――シナノ印刷
デザイン――――美柑和俊＋滝澤彩佳（MIKAN-DESIGN）
イラスト――――田中比香里

ISBN 978-4-87586-496-7 C0036